코젤렉의 개념사 사전 22

반동—복고

코젤렉의
개념사 사전 22

반동—복고
Reaktion,Restauration

파나요티스 콘딜리스 지음
라인하르트 코젤렉·오토 브루너·베르너 콘체 엮음
한림대학교 한림과학원 기획
이진일 옮김

Reaktion, Restauration

푸른역사

일러두기

1. 이 책은 오토 브루너Otto Brunner · 베르너 콘체Werner Conze · 라인하르트 코
   젤렉Reinhart Koselleck이 엮은 《역사적 기본 개념: 독일 정치 · 사회 언어 역사
   사전Geschichtliche Grundbegriffe. Historisches Lexikon zur politisch–sozialen
   Sprache in Deutschland》(Stuttgart: Klett –Cotta, 1972~1997) 중 〈반동Reaktion, 복
   고Restauration〉(제5권, pp. 179~230) 항목을 옮긴 것이다. 파나요티스 콘딜리
   스Panajotis Kondylis가 집필했다.

2. 미주는 저자, 각주는 옮긴이의 것이다. 각주로 처리된 옮긴이 주의 경우 주석
   앞에 [옮긴이] 표기를 했다.

3. 이 책은 2018년 대한민국 교육부와 한국연구재단의 지원을 받아 간행되었다
   (NRF–2018S1A6A3A01022568).

번역서를 내면서

●●● 《코젤렉의 개념사 사전》(원제는《역사적 기본 개념 *Geschichtliche Grundbegriffe*》)은 독일의 역사학자 라인하르트 코젤렉 Reinhart Koselleck(1923~2006)이 오토 브루너 Otto Brunner, 베르너 콘체 Werner Conze와 함께 발간한 '독일 정치·사회 언어 역사사전 *Historisches Lexikon zur politisch-sozialen Sprache in Deutschland*'입니다. 이 책은 총 119개의 기본 개념 집필에 역사학자뿐 아니라 법학자, 경제학자, 철학자, 신학자 등이 대거 참여한 학제 간 연구의 결실 입니다. 또한 1972년에 첫 권이 발간된 후 1997년 최종 여덟 권으 로 완성되기까지 무려 25년이 걸린 대작입니다. 독일 빌레펠트대 학의 교수였던 코젤렉은 이 작업을 기획하고 주도했으며, 공동 편 집자인 브루너, 콘체가 세상을 떠난 후 그 뒤를 이어 책의 출판을 완성했습니다.

《코젤렉의 개념사 사전》이 가진 의의는 작업 규모나 성과물의 방대함뿐만 아니라 방법론적 혁신성에도 있습니다. 기존의 개념사가 시대 배경과 역사적 맥락을 초월한 순수 관념을 상정하고 그것의 의미를 밝히는 데 치중했다면,《코젤렉의 개념사 사전》은 정치·사회적 맥락 속에서 전개되는 의미의 변화 양상에 주목합니다. 따라서 코젤렉이 말하는 '개념'은 '정치·사회적인 의미연관들로 꽉 차 있어서, 사용하면서도 계속해서 다의적多義的으로 머무르는 단어'입니다. '기본개념'은 그중에서도 특히 정치·사회적인 현실과 운동에 강력한 영향력을 행사한 개념을 가리킵니다.

나아가《코젤렉의 개념사 사전》은 근대성에 대한 깊은 성찰을 담고 있습니다. 코젤렉은 1750년부터 1850년까지 유럽에서 개념들의 의미에 커다란 변화가 나타나, 근대 세계와 그 이전을 나누는 근본적인 단절이 발생했음에 주목했습니다. 이러한 단절을 그는 '말안장 시대' 또는 '문턱의 시대'로 표현한 바 있습니다. 또한 코젤렉은 근대에 들어오면서 개념은 '경험 공간과 기대 지평'이라는 두 차원을 가진 '운동 개념'이 되었음을 드러냄으로써 근대성에 대한 물음을 성찰하도록 해주었습니다.

《코젤렉의 개념사 사전》은 방대한 기획과 방법론적 혁신성, 근대성에 대한 통찰을 담은 기념비적 저작이라는 면에서 광범위한 차원의 호평과 반향을 불러일으켰습니다. 또한 분과학문의 틀을 뛰어넘는 인문학적 역사 연구의 전망을 제시했다는 점에서 개념사 연구의 표본적 모델로 인정받고 있습니다. 개념사 연구가 비교적 늦은 한국 사회에도 이 책의 존재는 어느 정도 알려져 있습니다.

한림과학원은 2005년《한국 인문·사회과학 기본 개념의 역사·

철학사전》편찬 사업을 시작하여 2007~2017년 인문한국(HK) '동아시아 기본 개념의 상호소통 사업'을 수행해왔습니다. 2018년부터는 인문한국플러스(HK+) '횡단, 융합, 창신의 동아시아 개념사'로 확장하여 동아시아 개념사 연구의 새로운 지평을 여는 데 기여하고자 합니다. 전근대부터 근대를 거쳐 현대에 이르기까지 동아시아에서 개념이 생성, 전파, 상호 소통하는 양상을 성찰하여, 오늘날 상생의 동아시아 공동체 형성을 위한 소통적 가능성을 발견하는 것이 이 사업의 목표입니다. 《코젤렉의 개념사 사전》의 번역은 우리나라에서 처음 시도하는 작업으로, 유럽의 개념사 연구 성과를 정확하게 이해하는 데 필수적입니다. 그 결과물로 2010년 1차분 〈문명과 문화〉, 〈진보〉, 〈제국주의〉, 〈전쟁〉, 〈평화〉, 2014년 2차분 〈계몽〉, 〈자유주의〉, 〈개혁과 (종교)개혁〉, 〈해방〉, 〈노동과 노동자〉, 2019년 3차분 〈위기〉, 〈혁명〉, 〈근대적/근대성, 근대〉, 〈보수, 보수주의〉, 〈아나키/아나키즘/아나키스트〉, 2021년 4차분 〈역사〉, 〈민주주의와 독재〉, 〈동맹〉, 〈법과 정의〉, 〈헌법〉을 발간했습니다. 이어 이번에 5차분 〈경제〉, 〈반동—복고〉, 〈통일〉, 〈협회〉, 〈습속, 윤리, 도덕〉을 내놓습니다. 이를 계기로 개념사 연구에 대한 관심이 더욱 높아지고, 개념사 연구방법론을 개발하는 시도가 왕성해지기를 바랍니다.

2022년 10월
한림대학교 한림과학원 원장 이경구

CONTENTS

서론

CHAPTER I

Einleitung

I. 서론

●●●●   '반동'과 '복고' 개념에 대한 전사前史, 즉 프랑스혁명 이전 시기에 두 개념이 어떻게 사용되어 왔는지에 주목한다면, 이 두 개념을 동시에 다루는 작업을 정당화하기란 쉽지 않다. 즉 여기서 다루고자 하는 두 개념은 시기적으로도 서로 다를 뿐 아니라 완전히 다른 관련성 속에서 등장했으며, 혁명의 시대까지는 서로 어떤 접촉 없이 별도로 존재하고 있었다. 1789년 발생한 혁명이 이미 그 이전부터 시작된 두 개념의 정치화를 더욱 강화시켰고, 어의학적semasiologisch으로 확장되도록 영향을 미친 결과 이 둘은 서로 가까워졌으며, 마침내는 합쳐져 동의어로 사용되기에 이르렀다. 그런 한에서, 물론 '반동'을 진보를 거부하고 기존 상황에 머무르려는 시도라는 의미로 표현하고 있기도 하지만, 오늘날 이 두 개념은 공히 이미 낡은 관점들과 제도들을 다시 복원하려는 노력을 뜻할 수 있다. 혁명적 전환이 이루어진 후에야 비로소 '반동'이나 '복고'가 각각 어떤 개념사적 운명을 겪어 왔는

지를 추적하는 것이 가능해졌으며, 나아가 그런 병렬적 추적을 요
구할 수 있게 된다. 그 과정에서 두 개념은 긍정적으로 또는 부정
적으로 상호 영향력을 주고받게 되는데, 이는 좁은 의미에서의 정
치적 차원뿐만 아니라 세계관적 차원과 역사철학적 차원에서도
진행되었다.

본론

CHAPTER II

Antike

II. 본론

1. '반동', '복고'의 어원과 혁명기 두 개념의 만남

a— '반동Reaktion'

●●● 　　　'reactio'라는 라틴어 단어는 르네상스 시대에 아리스토텔레스의 자연론이나 운동론의 측면에 대한 설명을 위해 만들어진 학술적 신조어다.[1] 보시우스Vossius*는 이 개념을 '대응, 운동하는 것에 대한 저항Reagere, resistere agenti'이라고 설명했으며, 그 자신은 '상반되게 행동하다vicissim agere'라는 뜻으로 사용하기를 선호했지만 앞의 설명이 (자연)철학적 용도에 적합하다고 인정했다.[2] 어떻든 이 새로운 용어는 17세기 초 사람들 사이에 상당히

---

* [옮긴이] 보시우스Gerardus Joannes Vossius(1577~1649): 17세기 후기 휴머니즘 시대의 언어학자이자 역사학자이기도 했던 네덜란드의 휴머니스트. 라틴어 문법 책인 *Aristarchus*를 남겼으며, 17세기 라틴어의 문법 연구에서 특별한 업적을 남겼다.

널리 통용된 듯하다. 왜냐하면 고클레니우스Goclenius[*]는 이를 기록하고 그 뜻을 설명해 두었기 때문이다.[3] 새로운 자연과학이나 자연과학과 철학적으로 논쟁을 펼쳤던 저자들은[4] 반동이라는 이 개념을 점점 더 빈번하게 사용했는데, 이런 현상은 뉴턴Newton 제3법칙이 공표되고 나서 이 법칙이 공개적으로 정착할 때까지 지속되었다. "모든 작용에는 항상 그것에 맞서서 작용하는 같은 크기의 반작용이 있다. 또는 두 물체의 서로에 대한 상호작용은 항상 크기가 같으면서 반대 방향을 향한다."[5] 이후, 잘 알려져 있다시피, 계몽주의 시대 뉴턴 수용의 중요한 동반 현상으로서, 이 자연과학 기본 개념들은 재해석되어 생물학, 인류학, 정치학 등의 영역으로 전이된다. '반작용Reaktion' 또한 비록 정도가 다소 약하기는 했지만 '구심력求心力(Anziehungskraft)'[6]의 경우처럼, 이와 유사한 길을 걷게 된다. 처음에는 그저 각각의 개별적인 작용Aktion과의 관련성 속에서 반작용이 얘기되었다. 디드로Diderot가 "나는 모든 것을 작용과 반작용으로 이해한다je vois tout en action et en reaction"[7]라고 썼을 때 그가 말하고자 했던 것은, 작용과 반작용이 역동적으로 평형을 이루는 데 반드시 필요한 두 계기, 즉 끊임없는 움직임 속에 있으면서도 특정한 기본 구조들 속에 굳건히 버텨내는 세계라는 것이었다. 동일한 생각이 생물학[8] 용어에서 '작용'–'반작용'의 개념쌍으로 당대인들에게 받아들여졌으며, 이 자연

---

* [옮긴이] 고클레니우스Rudolfus Goclenius(1547~1628): 독일 마부르크대학에서 활동했던 철학, 윤리학 및 물리학자로서 철학사전을 남겼다.

과학적 표현 방식이 정치에 처음으로 전용될 때에도 그 기반이 되었다. 마키아벨리Machiavelli를 따라 몽테스키외Montesquieu도 로마 공화정의 내적 동력은 경쟁하는 구성 요소들 간의 상호 보완 속에 형성되었다고 보면서, 구성 요소들을 "한편의 작용과 다른 편의 반작용을 통해 영원히 연결되어 있는 우주의 부분들"과 비교했다.[9] 루소Rousseau도 다시금 '작용'과 '반작용'을 놓고 한 국가의 내적 연관성이 아니라, 유럽 국가 체제가 작동하는 방식이라고 설명했다. 하지만 그는 불확실한 평화가 아닌 영구적 평화를 보장하는 것을 염두에 두었기 때문에, '작용'과 '반작용'을 진정한 조화를 이루기 위한 상호 보완적 요소라기보다는 위험한 "지속적 동요"를 불러일으키는 원인으로 서술했다.[10]

프랑스혁명은 '작용—반작용'이라는 개념쌍을 분리시켰다. 언어적 차원에서 '작용Aktion'의 자리에 '혁명'이 등장하면서, 이제 이 단어는 자체적인 활력을 갖게 되었고, 그와 동시에 반작용 개념의 정치화를 위한 전제가 만들어지게 된다. 왜냐하면 반작용 개념이 작용 개념과 언어적으로 단절되면서 자연과학적 은유와도 결별하게 되고, 이제부터는 실제적이면서 역사적·정치적인 기반을 갖게 되기 때문이다. 작용과 반작용이 그 모든 상호 대립에도 불구하고 자연과학적 구상Konzept* 안에서 마침내 어느 정도 안정된 균형을 만들어 상호 영향을 미치는 힘을 형성하게 되자, 이제는 역사적·

---

* [옮긴이] 글쓴이는 'Begriff'와 'Konzept'를 구분하고 있으며, 옮긴이는 본 글에서 각기 '개념' 과 '구상'으로 구분했다.

정치적 영역에서 혁명적 작용과 반혁명적 반작용이 자신들의 세력만큼의 힘을 갖고 상호 충돌한 것이다. 그 결과 (아직은 만들어 낼 수 있는) 균형의 틀 안에서의 양자의 생산적 공존은 더 이상 찾아볼 수 없게 되었다. 프랑스혁명이라는 세계내전Weltbürgerkrieg의 시대가 시작되면서 자연과학적 개념과의 나란한 공존은 그 존재의 근거를 상실하게 된 것이다.

그러나 혁명의 발발이라는 상황에서 충돌의 전선들과 개념들이 공고화되기에는 아직 너무 일렀다. 비록 혁명의 발발로 적어도 '작용'이 '혁명'을 암시하는 의미로 대체되기는 했지만, 이미 시작된 자연과학적 표현 방식을 정치적 표현 방식을 통해 대체하는 작업은 중도에서 멈춰 섰으며, 단 하나의 정당 혹은 운동과의 명확한 결합이라는 의미를 갖는 반작용 개념의 정치화는 당장은 일어나지 않았다. 그 과정에서 반작용 개념은 일단 자신의 자연과학적 기원에 계속해서 충실하게 남아 있으면서, 앞서 발생했던 특별한 행위에 대한 개개의 특별한 대응Gegenwirkung이라는 의미로 표현되었다. 그 결과 반작용 개념은 다양한 그룹과 정당들의 반동적 행위들과 연관해 사용되었지, 전적으로 어느 특정 정당에만 연관시켜 사용된 것은 아니다. 그래서 혁명의 초기 단계에서 미라보Mirabeau는 혁명에 적대적 자세를 취하는 구제 불능의 성직자에 대해 어떤 반응reaction을 요구하면서, 토르네Torne 주교 같은 이들의 "폭력적 반동의 계획된 음모들"을 비난했다.[11] 여기서 Reaktion 개념은 아직은 정치적 중립을 취하면서 "다른 편에 반대하는 모든 정치적 행동”[12]을 의미하고 있다. 이런 용법으로 누가 처음 사용했었는가에 대해서는 개개의 경우들을 통해 밝혀져야만 한다.[13]

　이런 배경에서 이후 시기에서의 반동 개념은 무엇보다 '반혁명 Konterrevolution'[14]을 의미하는 개념으로 채워졌고, 이 양자는 이후 계속해서 동의어로 통용되었다. 이미 Konter-와 Re-가 갖고 있는 어원적 유사성이 사실 양 단어를 서로 동일시하도록 밀착시켰으며, 늦어도 1792년 이후부터는 프랑스혁명의 전개가 이런 경향을 촉진했다.[15] 결국 이런 동의어화는 1815년 반혁명 세력에 의해 (일시적으로) 혁명이 확실하게 좌절되고 난 후에야 비로소 확고하게 완결될 수 있었고, 그 결과 반동 개념은 특별한 호소력과 명료함을 부여받게 된다. 무엇보다 반동 개념이 다양한 정당들의 반동적 행위들과 관련 맺으면서 자체적으로 정당 중립적이고자 하는 시도는 중단되었다. 그리고 이제부터는 공격해 오는 혁명적 조치들에 대해 그저 맞설 뿐 아니라, 일시적으로 패배하기는 했지만 결코 뿌리 뽑힌 것이 아닌 혁명에 대항해, 의식적이고 단결된 총체적 전략을 갖고 대응할 수 있는, 그 어떤 정당 혹은 운동으로 스스로를 드러내고자 했다. 즉 개별적 반혁명 행위들이 마치 세계관에 기반한 반혁명 전략인 듯 꾸며졌던 것처럼, 또한 여러 반동들도 세계관에 기반한 반동인 듯 꾸며졌다. 이를 통해 '역사Geschichte'와 '진보 Fortschritt'에 이어 또 다른 의미 있는 집합적 단수Kollektivsingular가 계속해서 정치 문법의 계획에 등장하게 되는데, 이는 물론 앞서 벌어졌던 사건들과 밀접하게 관계 맺고 있었다.[16] 벵자망 꽁스탕Constant[*]은 사례를 통해 반동이라는 단어가 최종적으로 단수로 표기되는 과정을 잘 추적하고 있다. 1797년 발행된 전단지《정치적 반동들Des réactions politiques》에서 그는 지나친 '반동들'로 인해 생겨날 수밖에 없는 과도함에 대해 안타까움을 표명했다. 비록 꽁스탕은 반동이 자신의 경계를 넘어선 혁명을 다시 억제하고자 하는 시도를 통해 생겨난다고 생각하기는 했지만, 이런 과도함은 '온건함Modéeration'[17]에 대한 반대물로서 등장했으며, 이는 혁명과 관련된 모든 참여 집단들로부터 나올 수 있다고 생각했다. 이와 함께 그는 틀림없이 테르미도르의 반동reaction thermidorienne[18]을 생각했겠지만, 그럼에도 아직 반동 개념을 어떤 특정 정당과 원칙적으로 연결지어 생각하지는 않고 있었다.[19] 꽁스탕이 1814~16년 사이에 쓴 개인 기록물들에서도 이런 특정 정당과의 연관성을 아직 직접적으로 나타내지는 않고 있지만,[20] 점차 이에 가까이 다가가고는 있었다. 만일 여기서 정치 행위자들Akteuren이 아니라 정치적 행위들Handlungen이 논의 대상이라면, 정치적 행위들은 조직화된 행동을 구성하는 요소로 파악할 수 있으며, 그래서 꽁스탕도 또한 1797년과 달리 반동reaction을 단수로 표현했다. 이 조직화된 행동은 늘 같은 방향을 추구하며, 그래서 그들은 무엇과도 바꿀 수 없는 확실한 행위자Träger를 갖고 있어야만 한다. 이제 반동적

---

[*] [옮긴이] 벵자망 꽁스탕Benjamin Constant(1767~1830): 프랑스혁명에 환호했던 스위스 출신의 자유주의적 정치가 겸 문필가.

행위와 늘 동일한 특정 반동 행위자들 간의 관계가 선택의 여지 없이 확고하다면[21] 자연스럽게 그 다음 단계로 넘어갈 수 있게 되는데, 즉 정치적 의미, 나아가 역사철학적 의미까지 지닌 반동의 독립적 실체화Hypostasierung가 그것이다. 우리는 다음에서 반동이 각기 다른 강도를 갖으면서 이에 도달하게 되는 것을 확인하게 될 것이다.

b ─ '복고Restauration'

라틴어에서 'Restaurare'와 'restauratio'는 'reagere'나 'reactio'보다 훨씬 오래된 단어이기도 하지만, 이 두 단어가 정치적 의미를 획득한 것도 시기적으로 훨씬 앞섰다. 그럼에도 1815년이 지나서야 비로소 'Restaurare'와 'restauratio'는 특별한 의미를 갖게 되면서 근대적 정치용어로서 확실한 지위를 확보한다. 이와 동시에 반동 개념과 지속적 연관을 맺게 되는 현상도 피할 수 없게 되는데, 고전 라틴어에서 'restauratio'는 주로 좁은 의미에서 복원Wiederherstellung 혹은 파괴된 건물의 재건Wiederaufbau과 같은 의미로 쓰였다. 또한 단어의 은유적 용법도 좁은 범위 안에서 진행되었다.[22] 비록 후기 낭만시대의 한 비문이 어느 황제 직에 있던 "세상의 복구자와 재건자restauratori orbis terrarum et restitutori"에게 바쳐지기는 했지만[23] 이런 용법은 드물었다. '복구restitutor'를 통해 '재건restaurator' 개념을 강화한 표현이 여기서 우연히 이루어진 것은 아니다. 왜냐하면 라틴어에서는 이전의 (건강한) 상태로 재진입하는 행위나 관계를 무엇보다 'restituere'와 'restitutio'라고 표현했기 때문이다.[24] 그래서 10세기 "로마제국의 재건renovatio imperii romani"이라는 구호가 자리 잡게 되었을 때, '재건renovatio'의 동의어로서 'reformatio'와 'regeneratio'와 함께 'restitutio'도 등장할 수 있었다.[25] 'restauratio'라는 단어는 이런 맥락에서 나타나지 않았다. 고전 라틴어에서 갖는 이 단어의 의미는 기본적으로 중세의 텍스트에서도 유지되거나 혹은 의미가 '복원reparatio'이나 '보상compensatio'과 같은 특화된 의미로 진행되게 된다.[26] 교황청 대사였던 카를로 카라파Carlo Carafa 추기경은 페르디난트 2세Ferdinand II하에서 가톨릭종교개혁Gegenreformation이 진전되었다는 사실을 알리기 위해 《게르마니아의 성스러운 복원에 대한 논평Commentaria de Germania sacra restaurata》이라는 책을 1639년 쾰른에서 출간했다. 여기서 그는 아직 'restitutio'나 'renovatio'에서 이끌어 낸 "내적 갱신"이라는 비유적 의미에서의 복고 개념Restaurationsbegriff을 사용하지 않았다.[27]

1815년 이후 진행된 복고 개념의 변화 과정이라는 측면에서 보자면, 이 개념이 정치적으로 큰 의미를 갖고 등장한 첫 사례, 즉 "자신의 인민과 왕국으로 국왕 폐하가 경사스럽게 복귀"[28]한 것을 계기로 나타난 것임을 확인하는 것은 중요하다. 여기에서 복고 Restauration는 철저히 왕조와 관련된 문제에 국한해 사용되었다. 자신들의 세계관적 혹은 역사철학적 정당성을 설득하고자 하는 것이 아니었음은 말할 것도 없고, 지난 관계들을 되살리고자 하는 의미도 결코 아니었다. 일반적으로 사람들은 카를 2세Karl II가 그 저 아버지의 정책을[29] 지속하는 정도 이상을 기대하지는 않았다. 하지만 복고 개념의 이후의 발전을 이해하기 위해서는 이 개념이 부르봉 왕가의 귀환에 따라 왕조적 의미로 다시금 사용되기 이전 부터 이미 그 의미의 확대가 진행되었음을 확인하는 것이 중요하 다. 복고 개념의 의미 확대는 1815년 이후 왕조적 의미를 넘어 추 가적으로 새로운 과제를 넘겨받게 된다. 이미 프랑스 국민의회는 1789년 8월 4일의 야간 회의에서 루트비히 16세Ludwig XVI를 "프 랑스의 자유를 복구한 자restaurateur de la liberte francaise"로 지칭했 다.[30] 그래서 1779년 백과사전에서는 'Restauration'을 아직 건물과 예술품의 복원이나 스튜어트 왕가의 귀환을 의미했던 데 비해,[31] 1881년에는 이 개념과 관련해 "도덕 영역에서 이 개념은 더 광범 위하게 사용된다"면서, "국가나 문학, 질서, 법 등등의 복구를 통 해서"라고 부가해서 상세하게 설명하고 있다.[32]

1815년 이후 '반동'과 '복고' 개념이 서로 만나게 된 것은 '반 동'이 현실화된 것뿐만 아니라, '복고'의 어의학적 확장을 전제로 한다. 그럼에도 이 만남 자체는 아주 다양하게 해석될 수 있는데, 즉 양자를 동일한 의미로 받아들이려 하지 않는 이들은 둘 중 어 느 하나에 세계관적 측면에서나 역사의 진행이라는 측면에서 우 선권Primat을 부여할 수 있었다. 이와 관련된 논란들이 갖는 구체 적인 논쟁적·정치적 의미를 파악하기 위해서는 우선 보다 폭넓은 사상적, 특히 역사철학적 틀을 분명하게 드러내야 한다. 이는 곧

'반동'의 실체를 구체화하고 '복고'에 대한 어의학적 확장을 밝혀 내는 것을 의미한다.

2. 복고 시도와 반동 비판의 역사철학적 배경

혁명이 이미 그 적대자들에게는 다 끝난 사실로 받아들여졌던 만큼 복고 개념의 어의학적 확장 필요성도 그만큼 강력해질 수밖에 없었다. 이미 종료되었거나 혹은 여전히 진행되고 있는 사회적인 혹은 사유재산 관계의 변혁으로 인해, 단지 쫓겨난 왕조뿐만 아니라 그보다 훨씬 많은 것들을 복구해야 한다는 인식은 필연적이었다. 이미 1805/6년에 프리드리히 슐레겔Friedrich Schlegel은 '복구Wiederherstellung'의 가능성에 대해 고민하면서, 적어도 프랑스에서는 극히 회의적이었음을 보여준다. "비록 지금의 체제가 무너진다 하더라도 복구의 가능성은 회의적이다. 이 나라에서 모든 좋은 것들은 거의 말살되어 버렸다."[33] 그럼에도 그는 "더 높은 수준에서의 질서의 회복"을 희망했다.[34] 그렇지만 그것은 그가 20년 뒤 상세하게 서술했듯이, "단지 모든 쫓겨난 왕조들의 복구에 제한해 실각한 왕권을 다시 세우는 것"이 아니라, "근본 원칙과 사고", 즉 정치적이며 종교적인 삶 전체를 포괄해야 했다. 과제의 규모를 생각하면서 그는 "대대적 재건의 단계적 진행"에 골몰했다.[35] 1830

년의 동일한 상황*을 자유주의적 비판자의 시각에서는 다음과 같이 정리했는데, 즉 '복고Restauration'라는 이름하에 극단주의적 "정치 복고"는, 초기의 복고 개념이 가졌던 "정치적 의미"처럼 그저 "폐위된 통치자를 다시 임명하는 것"이 아니라, "옛 프랑스 왕정의 복귀와 함께 그 모든 제도들, 특히 과거의 모든 귀족들의 특권들"까지도 포함하는 것으로 이해하고자 했다.[36]

비록 왕조의 복고라는 문제가 전 유럽에 해당되는 것은 결코 아니었지만, 복고 개념과 왕조적 관점의 분리는 모든 측면에서 복고 행위를 유럽 전체에 해당하는 사안이 되도록 만들었다.[37] 복고 개념이 내용적으로 확대됨에 따라 지리적으로도 넓은 공간을 포함하게 되었기 때문이다. 이러한 확대가 다시금 단어에서 의미상의 변화를 가져오게 되는데, 왜냐하면 이 개념이 각각 다른 국가, 다른 상황에 따라 각기 다른 내용들로 채워져야만 했으며, 그런 만큼 다양한 해석이 가능한 의미들을 갖게 되었기 때문이다.[38] 이는 복고 개념이 반동 개념과 만나 마침내 큰 범위에서 한데 합쳐질 수 있게 되는 중요한 전제였다.

그런 한에서 복고의 과제는 그저 한 왕조의 복구가 아닌, 전통적 사회질서로의 회귀 혹은 그것의 안정화로 받아들여지게 되며, 이 전통적 질서는 궁극적으로 이데올로기적 도구들을 동원해 싸워야 했고, 이데올로기적으로 정당화되어야만 했다. 즉 이 질서는 신으

---

* [옮긴이] 나폴레옹의 패망 이후 맞게 된 1815년의 복고적 상황처럼, 1830년 7월혁명의 진압 이후 다시금 맞게 된 복고적 상황이다.

로부터 혹은 자연적으로 주어진 것이어서 인간다운 사회적 삶의 바깥에서는 이런 질서를 장기적으로 생각할 수 없다고 주장하는 방식으로 복고의 정당화는 이루어졌다. 이런 맥락에서 '복고'란 마치 자연이 신의 손을 통해 만들어졌듯, 그저 자연으로의 회귀 이외에 아무것도 아니었다. 이에 반해 '혁명'은 자연질서, 곧 신으로부터 떨어져 나온 용서할 수 없는 폐기물로 표현되었다. 여기에서 모순이 생겨나는데, 혁명이라는 단어가 순환운동Kreisbewegung이라는 원래의 의미로부터 벗어나 급진적 단절, 하나의 급진적인 새 지향Neuorientierung을 의미하게 되자, 복고는 혁명이 과거에 가졌던 의미 중에 그저 일부분만을 자신의 것으로 끌어올 수밖에 없게 된 것이다. 이제 양 개념 간의 차이는, 정치화되고 이데올로기화된 복고 개념이 순환운동, 즉 대대적 규모의 복귀Wiederkehr를 의미할 수 있었고, 또 그런 의미를 담고자 했음에 반해, '혁명'의 정치화와 이데올로기화는 (궁극적으로) 바로 그런 복귀의 의미로부터 벗어나도록 작동했다는 것에 있었다. 다른 한편 혁명도 역시, 개념으로서는 아니더라도 운동으로서는, 자연질서로의 복귀를 자신들의 목표로 삼았으며, 그래서 결국에는 이 자연질서와 역사에 대한 근본적으로 다른 두 개의 인식이 동일한 것에 대해 각각 긍정적이거나 부정적 관계들의 총합으로서 서로 적대적으로 마주서야만 했다. 이러한 배경에서 슐레겔은 "혁명 자체에 내재하고 있는 광적인 개념은 세상을 재건하는 것이어야 했고", 1828년 "진정한 …… 재건의 성격이 드러났다"고 대응했다.[39]

이런 사고구조는 독일에서는 확장된erweitert 복고 개념의 첫 용례에서부터 이미 분명히 드러난다. 할러Haller*는 "자연의 진행", "자연상태" 혹은 "자연의 필연적 질서"와 같은 표현을 지속적으로 사용했다.[40] 이를 통해 복고의 시도가 반명제나 파생물이 아니라 명제에 해당하는 것이며, 진실과 본원적인 것에 대한 갈망이라는 것을 강조하고자 했다. 할러에 따르면 "자연상태가 결코 중단되지 않았으며", 또한 결코 중단될 수도 없기 때문에, 그리고 혁명적 단절들을 통해 생겨났던 진보가 지속 불가능하다는 것이 명백해졌기 때문에, 이른바 새로운 것들은 단지 몰락만을 판정받았음에 비해, 오래된 것은 그 자체에 진실을 담고 있으며 일시적인 이탈의 상태에 있을 뿐이라는 것이다. 반혁명은 이 과정에서 새로운 해석의 이데올로기적 힘을 우회적으로 약화시키거나 혹은 반혁명을 목적으로 하는 작업에 끌어들일 수 있도록, 혁명적 계몽이 사용하는 상투적 표현을 받아들였다. 즉 원Kreis 안에서 영원히 운동하는 자연질서라는 사고로 무장한 할러는 근대적 자연권에 반대해 왕권신수설에 따른 본원적이고 전통적 권리가 다시금 정당성을 획득하도록 돕고자 의도했으며,[41] 그가 "국가학Staatswissenschaft의 복원"[42]이라는 문장을 사용한 것은 바로 이런 의미에서였다. 그는 이것으로서 국가학 학자Staatslehrer로서의 자신의 이론적 과제를 이

---

* [옮긴이] 할러Carl Ludwig von Haller(1768~1854): 스위스 출신의 법학자 겸 정치가, 언론인. 반동적 보수주의의 초기 이론가로서 1789년 혁명과 계몽에 대항해 독립적 영주의 권력을 옹호하는 정치이론을 제시했다.

미 해결했다고 생각했다. 할러는 물론 자신의 국가학의 복원을 필수적 보완물이고 이념적 핵심이며, 동시에 정치적·사회적 복고를 실현할 도구로 보았다("무기만 갖고는 여기서 도움이 되지 않는다").[43] 그는 왕조의 복고 자체에는 그리 큰 의미를 부여하지 않았지만 특별히 루트비히 16세에게는 "복고적 의미에서 행동하고 반혁명적으로 다스릴 것"[44]이라고 희망을 걸었다. 그 밖에도 "정치적 복고와 학문적 복고" 간의 밀접한 연관성을 할러의 반대자들은 기꺼이 인정했지만, 이들은 이를 그저 학문적 편향Befangenheit에 대한 증거로 취급했다.[45]

할러가 전혀 영향력이 없거나 추종자가 없는 사람도 아니었지만,[46] 그의 포괄적 복고 개념이 일반적으로 관철되지는 못했다. 원인은 간단하고 근본적인 것이었다. 할러가 복구시켜야 할 사회적 자연상태로 상정했던[47] 세습왕국Patrimonialstaat으로의 회귀는 그것이 최고로 미화되고 승화된 형식을 갖추었을 때에는 이데올로기적 각축에서 일정 정도 역할을 했겠지만, 사실상 누구도 그런 체제를 염두에 두지 않았기 때문이다. 이에 따라 혁명적 유토피아는 논쟁의 격화 속에서 보수적 유토피아에 대한 대립상으로 제시될 수 있었다. 이러한 사고를 갖고 있는 집단 내부에서의 자족적 상황은 이어지는 사건들로부터 압력을 받으면서 점차 유지되기 어려워진다. 무엇보다 프랑스에서 일어나는 당대의 사건들은 유럽 전체의 복고의 미래를 위해 우군과 적군 모두에게 결정적 의미를 갖는 것으로 받아들여졌고, 궁극적으로 반혁명 정당 자신의 핵심부 안에서 벌어지고 있는 전투는 세속적 권력정치의 확실한 증거였다. 그 결과 세계관에 기반해 복고 개념의 확산을 만들어 낼 수도 있었던 그런 정치적·이데올로기적 열망까지 제대로 만들어 내지는 못했다. 구체적 생각을 갖고 있거나 정치적으로 경험 있는 반혁명론자들의 입장에서는 할러적 의미에서의 복고에 대해 처음부터 거의 동감할 수 없었다. 프리드리히 겐츠Friedrich Gentz*는 "진정한 복고"의 성공 여부는 전적으로 장차 혁명을 얼마나 막아 낼 수 있는가에 달려 있다고 보았다.[48] 또 그는 프랑스에서의 "질서의 확실한 재수립과 유지"가 갖는 의미는 무엇보다 "지속적 평화"의 확보에 있다고 보았다.[49] 마침내 1822년 괴레스Görres**는 자유주의자들과 정통주의자들 간의 화해에 기반한 상호 이해를 요구하면서, 양측이 "복고 과정에서 똑같이 절대적으로 필요한 요소들"임을 설명했다.[50] 이로써 복고의 옹호자들 스스로도 할러와는 완전히 다르게 복고를 이해하고 있음이 분명해졌다. 이를 통해 복고 개념이 정치적 적응력을 확보한 것처럼 보였지만, 개념이 갖

---

* [옮긴이] 프리드리히 겐츠Friedrich Gentz(1764~1832): 오스트리아 출신의 문필가 겸 정치가. 메테르니히의 정치적 조언자 역할을 했다. 온건한 초기 보수주의자로서, 1803년 에드먼드 버크의 《프랑스혁명의 성찰Reflections on the Revolution in France》(1790)을 독일어로 번역해 독일 보수주의의 바이블로 만들었다.

** [옮긴이] 괴레스Joseph Görres(1776~1848): 독일의 교육자 겸 언론인, 문필가. 프랑스혁명과 그 혁명의 민주주의적 이상의 열렬한 지지자였으나 나폴레옹의 독일 점령에 크게 실망한 후, 혁명적 이상주의로부터 멀어졌다. 대학교수와 언론인으로 활동하면서 독일의 통일, 국민들의 자결권, 민주주의의 실현을 추구했으나 기독교적 근본주의, 전통의 존중 등 보수적 견해를 대표하는 글들을 발표했다.

고 있던 역사철학적 일관성은 상실되었다. 총체적인 사회적 재건을 실현할 수 없는 상황에서 복고 개념은 내용상의 빈곤화를 피할 수 없었다.

세계관에 기초한 복고 개념을 출판을 통해 대대적으로 확산시키는 일은 현실에서의 역사적 기반들이 허락하지 않았으며, 따라서 복고 개념과 역사에서의 순환운동이라는 사고 간의 본원적 연관성이라는 사실에 그 어떤 변화도 없었다. 그 순환운동이란 처음부터 완결적이고 최종적이며 신적이며 자연적 질서 안에서 완수되어야 할 것이었다. 이 점은 반동 개념의 더 나은 이해를 위해 확실히 해두어야 하는데, 결국 반동 개념은 복고 개념의 굴욕적 귀환pejorative Umkehrung이라는 형태로 등장하게 된다. 치르너Tzschirner*의 말을 빌리면, 반동이 제기하는 비판이 "세계사에 대한 긍정적이고 숭고한 시각"을 자신의 것으로 만든다면 그때야 비로소 의미를 갖게 될 것이었고, 그렇게 되면 세계사의 마지막에서는 "순환운동"이 아닌 "진보"가 진행될 것이었다.[51] 진보가 역사의 객관적 법칙(나아가 '세계법칙Weltgesetz' 혹은 "영원한 자연법칙")[52]이라는 것이 확실하다면, 복고로부터 요구받고 시도되었던, 언제나 변치 않는 자연질서로의 회귀가 그저 특정한 정치적 지향에 대한 방어가 아닌, 더 높은 단계로의 진행을 가로막는 죄악, 맹목적인 부정, 독단—간단히 말해, 새로운 경멸적 의미에서의 반

---

* [옮긴이] 치르너Heinrich Gottlieb Tzschirner(1778~1828): 독일의 개신교 신학자. 온건한 윤리적 합리주의와 헌법에 기반한 개혁적 자유주의 사상을 여러 저작을 통해 제시했다.

동——등으로 취급받아야만 하며, 반면에 이들의 반대자들은 객관적 세상사에 대해 가장 잘 알고 있음에 틀림없다. 그래서 '반동'은 역사적 진보의 불가피성에 대한 믿음이 더욱 확산되어 갈수록 점점 더 지속적으로 비난의 대상이 되어야만 했고,[53] 비교적 사용되지 않는 정치적 개념이 되어 누구도 이 개념을 근본적으로 긍정적인 의미로 해석해 스스로를 동일시하고자 하는 이가 없게 된다. 이런 측면에서 '역사'와 '진보'의 단수화는 '반동'이라는 집단적 단수Kollektivsingular 개념을 만들어 내게 된다. 진보가 통일적 역사 전체Geschichtsganzen 안에서 단지 한 요소일 수 있기 때문에, 그리고 '반동'은 그에 대한 대립물로 정의 내려졌기 때문에, 반동을 독자적인 역사적 존재, 나아가 마치 진보 뒤에 그림자처럼 붙어있는 독립적 실체로 만들어야만 했다. 역사는 이제 진보와 반동 간의 늘 지속되는 투쟁 속에서, 혹은 각각의 개별적 사건들이 반동을 넘어 진보의 승리를 통해 자신들의 국면을 만들어 가는 것처럼 보였다. 진보의 역사적 통시성Diachronie은 반동에게도 역시 주어졌고, 그래서 예를 들어 치르너는 기독교에 대한 반동, 종교개혁에 대한 반동, 시민적 자유라는 사상에 대한 반동이라는 각기 다른 세 개의 거대하고 순차적으로 이어지는 "반동의 시대", 즉 "반동들"에 대해 언급했다.[54]

역사의 전 범위를 넘어서는 반동 개념의 확장이 이 개념 자체를 약화시키지는 않았다. 오히려 그 반대였다. 지난 시간 반동의 패배에 대한 기억은 장기적으로 반동의 전망 없음을 직시하게 만들었고, 반동의 끈질김과 적응력에 대한 증거들은 다시금 이의 지속적인 위험성을 분명하게 보여주었다. 이 양 측면을 동시에 감안함은 역사철학적인 것에 기반을 둔 신뢰가 마비상태로 퇴화되도록 한 것이 아니라, 오히려 더 많은 주의를 기울이도록 만들었다. 그것은 또한 필요한 일이기도 했다. 반동 현상에 대한 최초의, 그리고 극히 중요한 자유주의적 분석, 이는 우리가 이해할 수 있는 바 '칼스바트 결의'* 직후 나온 것인데, 특히 반동적 정치의 조직화되고 정교하게 사고된 특성을 강조한다. 반동이 정치적으로 적용된다면 사실상 "반동 체제"로 귀결될 수밖에 없다. "사람들은 공공의 삶과 국정에서 보다 나은 것으로서의 진보에 대한 의도적 방해를, 그리고 진보의 자리에 이미 오래된 것과 몰락한 것들을 채워 넣기 위해 이들을 말살하는 것을 반동이라고 불렀다. 또한 모든 규정들을 계획적이며 지속적으로 일상화된 강제 속에서 운용하고 행사하는 체제를 반동 체제로 이해했다. 반동 체제는 이미 공공의 삶과 국정 속에 존재하는 발전을 와해시키고, 이들보다 나은 것들에 의해 쫓겨난 모든 것들 전체를 (그리고 종종 더 확대된 관계 안에서) 다시 세워야 할 것이었다."[55] 즉 "반동 체제"는 자신의 반대자를 "개인적으로 의심하고, 억압하며, 가능하다면 육체적으로나 도덕적으

* [옮긴이] 칼스바트 결의Karlsbader Beschlüsse: 나폴레옹의 몰락 이후 독일 내 자유주의적이며 민족주의적 경향에 대한 감시와 탄압을 위해 1819년 8월 보헤미아 지역에 있는 휴양도시 칼스바트에서 진행한 비밀회의. 독일연방의 영향력 있는 대표들은 이 자리에서 언론과 출판에 대한 검열의 강화, 대학 내 자유주의와 민족주의적 성향의 교수들의 축출, 부르센샤프트 대학생 조합의 금지 등을 결의했다.

로 박멸시키고자 했으며", 그 과정에서 "음모나 사기, 폭력도 결코 마다하지 않았다"[56]라고 분명하게 표현했다. 과거 언젠가 드 메스트르de Maistre[*]가 혁명에서 발견했다고 주장했던,[57] 그런 악마적 진행들이 이제 실체화된 반동의 얼굴로서 그 특징을 드러내게 된 것이다.

반동의 정치적·사회적 측면들에 대한 서술이 그것이 지닌 '학문적' 측면, 즉 이데올로기적 측면을 간과하게 하지는 않았는데, 이는 정치적·사회적 측면들이 '역사적' 측면들과 관련성을 갖고 있기 때문이었다.[58] 반동적 이데올로기의 적대자들은 반동 이데올로기의 본질을 새로운 사상투쟁 속에서 확인했기 때문에, 근본적으로 반동 이데올로기가 갖는 그 어떤 고유성도 인정하지 않았으며, 따라서 이들 반동 이데올로기는 자신들의 사상에 대한 반사적 반박 시도에 집중했고, 이는 다시금 반동 이데올로기를 방어하거나 상세히 설명할 수 있는 많은 기회들을 만들었다. 반동이 어떤 "근대적 이념들"에 대해 반대했는지는 쉽게 이야기하기 어렵다. 구체적으로는 신정주의Gottesgnadentum의 폐지에 바탕한 사회계약론이나 입헌주의적 원칙, 국가와 교회의 분리 요구 등의 수용, 법 앞에서의 평등이라는 원칙, 보편적 인권과 시민권 등이 그 대상이었다.[59] 자유주의적 사상의 원칙적인 방어나 서술뿐만 아니라 반동에 반대하는 법적·정치적 주장들이 모두 그 대상이 되었다.

* 드 메스트르Joseph Marie de Maistre(1753~1821): 계몽주의와 프랑스혁명 이념에 맞서 구체제와 반계몽주의를 수호하고자 했던 프랑스의 정치가 겸 문필가.

프랑스에서 일어나는 사건들이 공개적 비난의 대상이 되었는데, 반동은 "종종 기존의 것들을 해체하고 부수며, 그래서 이미 획득한 권리들을 무력화시켰다." 그 반면에 다른 한편에서는 반동의 정치적 성과들을 불확실하고 일시적인 것으로, 또한 "민족의 힘의 마비"로 표현했다.[60] 반동의 정치적 적절성에 반대하는 당대 입헌주의자들의 주장은 부분적으로는 스스로의 무기력함을 반영할 뿐이었으며, 독일에서는 그 어떤 혁명에 대한 위협도 없다는 것의 반복된 증거였다.[61] 논쟁은 또한 반동적 인간의 심리적 동기를 추측하는 데에도 도움이 되는데, 그런 이들은 "자기 집착, 이해관계 혹은 과거부터 전해 내려온 것에 대한 지나친 숭배"와 같은 요소들을 전면에 내세웠다.[62]

3. 독일에서의 초기 언어 용법

비록 앞에서 서술된 반동에 대한 역사철학적 존재론 또는 정치 현상학이 상당히 일찍 진행된 것이기는 하지만, 세계관에 기반한 복고 개념이 그랬던 것과 마찬가지로, 이런 논의들을 모두 받아들여 종합된 반동 개념으로 고양되지 못했음은 강조되어야만 한다. 또한 복고 개념의 실패에는 극복 불가능한 실질적이고 정치적인 어려움에 그 책임이 있던 것과 마찬가지로, 1820년대 반동 개념이 (상대적으로) 무기력했던 것의 책임도 당대에 이들 개념을 처음 제시했던 이들의 정치적 허약성에 있었다. 새로운 반동 개념의 형성을 위해서는 보다 덜 자유주의적인 이데올로거들의 지적 작업만으로도 전적으로 충분했지만, 그것의 정치적 언어로의 관철에는 광범위한 정치 운동이 필요했다. 그래서 (그렇지만 그 사이에 어느 정도 다른 색깔이 입혀진) 반동 개념과 반동에 대한 비난은 1848년 혁명 직전에야 비로소 처음으로, 그리고 1848년이 되면 일반적으로 인정받을 수 있게 된다. 로베르트 폰 몰Robert von Mohl이, 스페인의 정치적 투쟁으로부터 넘겨받은 '자유로운liberal'과 '예속된servil'이라는 특정 학술 용어가 1820년대를 지배했다라고 회고한 것에는 그럴만한 근거들이 있었다.[63] 그러나 '비자유인Illiberalen' 혹은 '예속인Servilen'은, "암울한 인간, 어둠의 아이들" 등과 같은 용례들을 제외한다면, 그저 '반혁명주의자' 혹은 "역사화된 것, 정체된 것, 움직이지 않는 것" 등으로 불렸다[64](이는 다시금 진보에 대한 믿음을 전제로 한 것이었다).[65] 특히 많이 사용하는 용례로는 프랑스에서 온 표현 방식인 'Ultra'를 쓰는 것이었는데,[66] 이로부터 '극단주의Ultraismus'와 '극단적 왕정주의Ultraroyalismus' 같은 단어들이 "반자유주의Antiliberalismus, 신비주의Obskurantismus, 몽매주의Imperfektibilismus" 등의 동의어들로서 생겨나게 된다.[67] 또한 귀족정이나 과두정 같은 고전적 정치 전통을 갖는 개념들도 아직은 이 시기에 '반동' 대신 사용되었다.[68] 이는 중요한 사실을 암시하는데, 즉 반동 개념이나 근대적 정치 용어의 최종적 관철은 고전 정치학 용어들의 폐기나 재해석으로부터 연유되었다는 것이다.

새로운 반동 개념에 대한 초기의 소극적 태도 또한 복수의 개념들이 널리 사용되었음을 반영한다. 비록 반동들의 어원이 명확해지고, 단어의 기원이 그저 "개별적 반동들"이 아니라 "음모단체들의 반동들, 귀족 계층의 조직적 사익 추구들로부터 온 반동들"일 수 있음을 드러낸 것이었다 하더라도, 그 자체로서 '반동'의 원래적이고 정당 중립적인 의미에 단단히 고착되어 있었음을 암시하는 것이다.[69] 어떤 때는 특이하게도 반동 개념의 옛 의미와 새 의미가 함께 등장하기도 한다. 그래서 분젠Bunsen*은 1828년, "반동의 시대"를 맞아 온건함이 의심의 눈총을 받는 행동이 되었다고 한탄하면서, "모든 종교를 해체하는 …… 원칙들에 반대하는 가톨릭교회의 새로운 정책은 하나의 반동Reaction"이라면서, 그 가치를 칭송했다. 즉 이러한 반동은 "단지 불가피한 것일 뿐만 아니라, 어떤 의미에서는 기독교적 유럽 전체를 위해서도 유익한 것이다."[70] 여기에서 '반동'은 여전히 "분명한 목표를 갖는 반작용Gegenwikung"을 의미한다. 1831년에도 피처Pfizer는 여전히 "정지한 것들 혹은 반동들의 정당"이라는 표현을 사용했다.[71] 계속 살아 움직이는 '반동Reaktion'의 본원적 의미를 강조했던 로텍Rotteck도 1832년 푈리츠Pölitz가 정치 체제를 혁명 체제, 반동 체제, 개혁 체제의 셋으로 분류하는 것에[72] 이의를 제기하면서 다음과 같이 언급했다. "반동이 반드시 반혁명적 특성을 띠어야 하는

---

* [옮긴이] 분젠Christian Karl Josias von Bunsen(1791~1860): 프로이센의 외교관으로서 로마 교황청과 워싱턴의 대사를 역임. 문필가로서 수많은 정치, 종교, 철학 관련 저서를 남겼다.

것은 아니며, 지배권을 쥔 반혁명적 정당에 반대하면서 얼마든지 혁명의 이해에 따라 스스로를 내세울 수 있고, 그럼으로써 보다 특징적이고 분명해질 수 있을 것이다. 혁명 체제는 …… 반혁명에 맞서는 체제로 부를 수 있으며, 보다 적절히 표현하자면, 반동 체제는 이성법률Vernunftrecht*과 이상적 정치에 따른 체제라 부를 수 있음에 반해, 혁명 체제는 경직된 역사적 권리의 체제 혹은 독재 권력 체제라고 부를 수 있을 것이다."[73] 이러한 표현으로 보아 일부 자유주의자들이 새로운 반동 개념에 대해 유보적 태도를 취했던 것이 단지 언어상의 조심성에 대한 추구에서 그랬던 것만은 아니었음을 추측할 수 있다. 오히려 그보다는—1848년과 마찬가지로 1820년대에도—새로운 반동 개념이 제시했던 정치세력 간의 돌이킬 수 없는 양극화, 그래서 결국에는 유일한 실질적 대안으로 굴복이냐 아니면 혁명이냐의 양자택일만 남게 될 것에 대한 두려움이 그런 유보적 태도의 뿌리에 있었던 것이다. 즉 로텍이 당대의 두 가지 정치적 기본조류로 '보수주의Conservatismus'와 '급진주의Radicalismus'라는 개념쌍을 지칭해 타협의 가능성을 열어두었던 것은, '반동'-'혁명' 개념을 다시 하나의 개념쌍으로 끌어들이고 싶었던 것에 원인이 있을 수 있다.[74] 출판인으로서 그는 해외에서 일어나는 정치적 진행에 대해 서술할 경우 반동 개념을 즐겨 사용했다.[75]

---

* [옮긴이] 단순히 이성에 기반한 법률이다. 초기 계몽시대에 이성법률은 법학과 입법에 직접적 영향을 미쳤다.

그럼에도 반동 개념의 적용이 (완전히) 포기되지는 않았다. 왜냐하면 오직 이 개념을 통해서만, 그리고 그 뒤에 존재하는 역사철학적 구조를 통해서만, 확장된 복고 개념의 세계관적 후광Aureole이 해체되거나 증명될 수 있기 때문이다. 확장된 복고 개념이 갖는 실질적 함의가 그 사이 '획득한' 혹은 앞으로 싸워 획득해야 할 시민계급의 권리에 대한 명백한 위협에 있다고 인식한 것은 맞는 판단이었다. 그래서 역사의 객관적 성립objektive Beschaffenheit 앞에서 '복고'는 자연적 조화로의 회귀가 아니라 오직 진보에 대한 저항일 수밖에, 즉 그 본성상 '반동'이 될 수밖에 없다는 것이다. 그 결과 '반동'과 '복고'를 자유주의적으로 받아들이거나, 복고를 그저 시대에 기인한 반동의 변조 정도로 생각하게 되면서 논쟁이 첨예화된다. 이에 따라 '반동주의자'에 대해서와 마찬가지로 '복고주의자'에 대해서도 동일한 논리가 적용될 수 있었다. 즉 복고주의자들은 진보에 반대해 헛되이 싸우고 있다는 것이다.[76] 치르너는 '반동'이라고 표현할 자리에 '복고'를 사용하는 것을 반동의 '친구들'이 하는 속임수 전략이라고 생각했다. 그래서 할러는 '반동 체제'를 권고하는 글에서 '복고'라고 표현했다.[77] 1823년 필리츠는 '반동'이 자신의 정체성을 '복고'에게 넘겨주어야만 했다고 정의 내린다. 전혀 개혁이 진행되지 않는 곳에 반동은 없으며, "이미 기존의 것들이 발전을 제거해버린 곳", 그래서 발전 이전의 상황으로 복구되어야 할 곳에 반동이 존재한다.[78] 아직 반동 개념이 뿌리를 내리기 이전에 '혁명', '입헌'과 함께 '복고'가 "우리 시대를 관통하는 세 경향 중 하나"라고 기술되었다.[79] 이는 푈리츠가 정치 체제를 셋으로 나눈 것을 미리 받아들여 표현한 것으로서, 이 과정에서 후일 '복고'가 '반동'으로 대치되는 것은 양 개념이 점차 동의어화되는 과정을 드러낸 것이다. 이는 처음부터 사람들이 '반동'을 '복고' 개념의 굴욕적 귀환으로 받아들였다는 사실을 암시하는 것이다.

복고가 단지 반동으로 축소된 것과 그래서 역사철학적 측면이 현격하게 변화된 것은 복고가 자신에게 요구된 정당성을 상실했음을 의미한다. 복고 이데올로거들은 법질서와 법적 연속성이라는 이념에 의존했으며, 그런 만큼 그들은 혁명을 자의적 권력 탈취와 권력 행사, 즉 불법적이고 비도덕적인 것으로 취급했다.[80] 혁명에 의해 만들어진 실재 상황들은 복고로 하여금 옛 상황의 복구를 위해 폭력 동원을 강요했으며, 그런 만큼 복고는 그들 스스로가 자신들을 정당화하는 슬로건들을 어겼고, 이미 기존의 법규들을 위반했다는 비판을 어쩔 수 없이 받아들여야만 했다. 이처럼 비판의 대상이 된 사람들은 자신들의 행위를 부정하거나 그 의미를 축소해야만 했다. 특히 이들은 내용적으로 완전히 다른 법 개념에 기초해 완전히 다른 법을 '진정으로wahrhaft' 정당성 있는 법이라고 표현했으며 이는 자신들만의 자연질서관에 기초한 것이었다. 진보 이데올로기에 의한 그들의 와해는 그들이 저질렀던 반혁명적 폭력을 그저 옥에 티나 필요악 정도로 보이게끔 만든 게 아니라, 복고의 시도라는 역사적·정치적·도덕적 실체가 끔찍한 모습으로 실현되어 드러난 것으로 만들었다. 개념의 어원으로부터의 연상을 통해 격동적인 행위나 맹목적적 폭력에 대한 기억을 불러일으키고자 하는 사람들에게는 반동 개념이 복고보다 더 적합했으며, 그래서 일부러 이 용어를 더 사용했다는 것 또한 강조되어야 한다. 복고가 법적 연속성이라는 자신들 고유의 개념을 배반했다는 비난은 사실은 단지 논쟁을 위한 논쟁일 뿐인데, 왜냐하면 그런 비난이 암묵적으로 기초하고 있는 '진정한' 법이라는 사고는 복고적 사고와는 근본적으로 다른 법에 기초해 있기 때문이다. 하지만 복고의 시도가 실재적으로는 전혀 전망이 없는 가운데서도, 그런 비난이 효과를 전혀 내지 못했던 것은 아니었다. 그래서 복고를 위해 싸우는 사람들은 '반동'과 '복고'를 조심스럽게 구분하고, 반동으로부터의 비난을 단호하게 거부하는 쪽으로 움직여야만 했다. 타협과 관용을 받아들일 준비성뿐만 아니라, 또한 적어도 순수함을 유지하고자 하는 기대, 즉 높은 도덕적 기준과 확장된 복고 개념에 논쟁적이고 정치적인 가치를 유지하고자 하는 기대 또한 마찬가지로 '열정적 반동'[81]에 반대하는 반혁명적 저자들의 서술에 동기를 부여했다고 생각할 수 있다. 바더Baader는 순수한, 나아가 경솔하기까지 한 부정Negation을 담은 질책 때문에 복고적 이상에 가해질 상처에 대해 우려를 나타낸다. 바더는 가끔 '복고'를 신비적 의미로 사용했고,[82] 그것이 갖는 정치·사회적 과제에 대해 대단히 높은 기대치를 가졌기 때문에, 나폴레옹 몰락 이후의 시기를 복고로 부르는 것에 대해 명예롭지 못하게 생각했다.[83] 그래서 그는 자신의 창끝을 거꾸로 돌려 언어학적 임기응변을 동원해 '혁명'이라는 단어에 "자유로운 진화의 억제"라는 부정적 의미를 덧붙였다.[84] 하지만 그렇다고 '반동'이 직접 논의 대상이 되고 있는 것은 아니었다. 반동이라는 말이 통용되기 시작한 처음 20년이 지나도록 새로운 반동 개념은 그 강도나 확산 정도에 있어서 아직 별 진전이 없었다. 사실은 이 시기 '반동주의자'들은 이 새로운 반동 개념과 의무적으로 대결했었어야 했다. 하지만 그들이 이 작업을 시작했을 때는 이미 복고 개념 또한 반혁명주의자들에게서 그 광채가 사그라져 있었으며, 더 이상 '반동'에 대한 긍정적 상대 개념으로 내놓을 수 있는 상태가 아니었다.

4. 7월혁명 이후 복고 개념의 해체와 1840년경 반동 개념의 고양

1830년 7월혁명은 복고 시도의 운명에 종지부를 찍었으며 세계관과 역사철학에 기반한 복고 개념의 최종적 해체에 기여했다. 복고 개념은 불행하게도 그 시작부터 강력한 추종자를 갖지 못했었다. 이제 거의 모든 반혁명자들은 공개적으로건 암묵적으로건 이 개념을 내려놓았으며, 그래서 복고 개념과 반동 개념이 합쳐지는 것도 이렇다 할 저항 없이 진행되었다. 복고 개념은 반동적─그리고 가끔은 돈키호테적─사고를 갖고 이미 낡아버린 제도로의 귀환

(의 시도)이라는 의미를 비교적 빨리 획득하게 되며, 이후 이런 의미를 계속해서 유지하게 된다. "1830년이 되면 복고는 더 이상 지탱될 수 없는 것으로 …… 증명되었다"[85]라는 표현에서 드러나는 언어적 용법이 일반적 의식 속에 뿌리박고 있었다. 1846년 한 민주주의자의 이런 진단에 자유주의자들만 동의한 것이 아니며,[86] 라우머Raumer 같은 프랑크푸르트 독일국민회의 우파도 1849년 다음과 같이 간결한 문장으로 표현한다. "이미 지나가 버리고 녹슨 시대의 모든 복고들은 그 자체 안에 죽음의 씨앗을 품고 있다."[87] 카니츠Canitz도 과거를 돌아보며, "사람들이 지난 시대의 관계들을 …… 사랑하고 명예롭게 간직하고 싶어 한다 하더라도, …… 그것들을 다시 세우고 새로운 시대의 기반으로 받아들이는 것은 불가능하다"면서, 독일의 복고 시도의 내적 모순성을 생생하게 보여주기 위한 예로서 다음과 같은 것들을 제시한다. "자신의 영지를 프랑스군이 점령한 것을 마치 자신의 정부의 에피소드처럼 보던 헤센의 선제후가 자신의 군대의 깃대 장식용 끈을 복고의 상징으로 만들었던 시도는 표면적으로는 그저 웃기는 삽화가 되었지만, 내적으로는 베스트팔렌 시절에 존속되던 세금 제도를 유지시킴으로써 체제의 불합리성을 전면에 드러냈다."[88] 1850년 라도비츠Radowitz가 "유기적 복고organische Restauration"를 제안했을 때,[89] 그는 이를 "1815년의 실패한 복고"[90]와는 다른 어떤 것으로 이해하고자 했다. "정치사의 한 장"이 종말을 고한 이후, 그에게는 이것의 재건 시도보다 "더 실행 불가능하고 잘못된 것"이 없었다.

"사람들이 이런 의미에서 복고라고 부르는 것은 그 자체 안에 매 순간 자신에 대한 유죄 판결과 반복되는 몰락을 품고 있다."[91] 반혁명주의자들의 이러한, 그리고 이와 유사한 언급들의 관점에서 보자면, 레오폴트 폰 게를라흐Leopold von Gerlach[*]조차도 1848년 11월의 사건 이후, 만일 그런 일들이 계속된다면 "복고가 계속 진행되어"[92] 1848년 이전의 상태로 회귀하게 되고, 구체제의 부활을 기대할 수도 있다는 인상을 거의 확실하게 받아들였다.

1830년 이후 "복고의 시대" 혹은 "복고기Restaurationsepoche"[93]라는 표현에는 복고 시도가 영구히 종결된 현대사의 한 장이라는 것에 대한 사람들의 의식이 드러나 있다. 이런 방식으로 '복고'는 역사가들에게 명확한 개념이 되었다. 객관적 역사의 진행 앞에서, 앞에 놓인 복고의 종식은 되돌릴 수 없이 이어지는 반동의 패배가 단지 하나의 역사적 단계일 뿐임을 드러냈다. 보다 젊은 세대들이 이제 반동과 복고가 갖는 존재론적 정체성의 옛 모티브들을 넘겨받아 작업하게 된다. 예를 들자면 치르너와 똑같이 헤스Hess도 1842년 "반동이 …… 복고의 시대에서부터 시작되었다"는 생각을 가졌다.[94] 또 누군가가 "반동적 정당"이 복고 직후 유럽 전체에 등장했다[95]고 쓴다면, 그는 그 반대를 주장하는 것이 아니라, 단지

---

* [옮긴이] 레오폴트 폰 게를라흐Leopold von Gerlach(1790~1861): 프로이센의 보병장군이며 크로이츠신문을 중심으로 활동했던 대표적 보수 정치가. 그의 동생 에른스트 폰 게를라흐 Ernst Ludwig von Gerlach 또한 '보수당'을 창당한, 대표적인 프로이센의 보수정치가 겸 문필가였다. 1848년 11월 이들 형제들과 보수주의자들을 중심으로 1848년 혁명을 분쇄하기 위한 군사적 동원이 시작되어 12월이면 프랑크푸르트 국민의회가 해산된다.

반동이 1815년 이후 더 활발해졌고, 국제적 차원에서 조직될 수 있었다는 것을 주장하고자 했다. 기본적으로 "반동은 복고적 특성을 동시에 지녀야만" 하거나, 혹은 복고는 반동으로부터 시작된 것으로 받아들여졌다.[96] 즉 복고란 퇴행을 향한 "반동주의자들의 개혁"과 다름없다는 것이었다.[97] 반동과 복고의 존재론적 정체성을 전제로 "복고 시도자들"은 "독일정신의 혁명화,"[98] 혹은 보다 감정적으로 표현하자면 "복고의 혁명화"를 "자유"와 대립시킬 수 있었다.[99] 그런 식으로 복고 개념은 더 이상 그 옹호자들에 의해 긍정적으로 확산된 것이 아니라, 오히려 그 적들에 의해 부정적 의미를 띤 채 자의적으로 확산되었으며, 결국에는 누구도 더 이상 복고 시도를 반동적 진행의 단계로 정의 내리고자 하지 않게 된다. 양자는, 마르크스가 1843년의 한 연설에서 표현했던 것처럼, 그저 와해된 것이다. "우리는 …… 근대적 국민들이 이룬 혁명들을 함께 나누지는 못했지만, 복고들은 함께 나누었다. 우리는 첫 번째로는 다른 국민들이 혁명을 시도했기 때문에, 두 번째로는 다른 국민들이 반혁명에 빠졌기 때문에 복고되었다."[100] 이런 언어적 용법은 이후에도 크게 변하지 않았다.[101]

1840년경이 되면 독일 정치무대에서 특별히 왕성한 운동이 주목을 끌게 되고, 보다 고양된gesteigert 반동 개념이 형성되게 되는데, 이런 운동은 지금까지 그래왔던 것보다 더욱 긴밀한 (정당)정치적 결합으로 이어진다. 20년 전만 하더라도 여전히 독일에서는 비록 "다양한 견해들"이 있기는 했지만, 진정한 정당들은 없다는 인상이 지배적이었으며, 실제로도 그러했다.[102] 자율적인, 즉 그 어떤 지방의회의 절절한 호소로부터 독립적이며 집약적인 정치활동의 부재는 국내의 정치적 입장들과 희망, 두려움들을 부분적으로 외국에서 일어난 사건과 논쟁들 안에 감정 이입시키거나 혹은 이를 통해 추론하도록 만들었다. 어느 면에서는 유령처럼 허구적인 정치 활동은 그 특성상 당대의 반동 개념에게―역사철학적 지위와 그 모든 도덕적 열정들에도 불구하고―일종의 추상성과 단조로움을 갖도록 만들었다. 여기에는 구체적인 정치적 연관성이 결여되어 있었다. 분명 거기 반동이 있었지만, 그 어떤 혁명에 대해서도 직접적 위협을 가하지 않았고, 그래서 그것의 예리함은 제한적이게 된다. 반동의 적대자들은 비록 이 점을 공개적으로 비판했지만, 그럼에도 '누가, 어디서 언제, 어떻게?'라는 물음에서는 그들은 망설였다. 적대자들이 누군지 구체적이고 공개적으로 이름 밝히는 것은 자신감과 준비된 투쟁성 속에서 나오는 것이기 때문에, 사실상의 전쟁 개시 선언과 같은 것이다. 하지만 자유주의가 정치적 허약성을 드러낸 가운데, 전쟁 개시 선언 대신 "어둠의 세력들"에 대항한다는―영주나 지배층의 선한 의도에 대한 신뢰의 표명을 곁들이면서, 하지만 보다 추상화된 형식의―언어적 수사Rhetorik를 종종 동원해야만 했다. 그들이 기반했던 역사철학적 세계관이 급진화하는 것에 비례해 언어적 수사도 1840년대에 더욱 증가하게 되는데, 그럼에도 1820년대와 결정적으로 달랐던 점은 반동의 적대자들이 이제는 아주 구체적으로 사람, 출판물, 대책 등에 대항해 투쟁했고, 반동을 이끄는 사람들의 이름을 공개함으로써 더 이상 공개적으로 전쟁을 선포하는 것을 피하지 않았다는 점이다. 과거에는 언어적 수사가 직접적인 정치적 충돌의 대체물로 기능했었음에 비해, 이제는 정치적 투쟁의 구체화, 수사의 강화, 역사철학적 급진화가 함께 진행된다. 이러한 총체적 변화는 반동을 비판했던 원주창자나 핵심 투쟁자의 사회적 구성이 변화된 것에 기반하고 있었다. 물론 자유주의적 교수들이 내린 '반동'에 대한 정의는 사전에 계속 남아 있게 되지만,[103] 투쟁을 주도하는 이들은 이제는 더 이상 '반동'들 때문이 아니라 자신들의 행위로 인해 반동을 매일 (검열을 통해) 몸으로 경험하는, 어느 정도 민주적 사고를 갖게 된 언론인들이었다. 다른 한편 이들 언론인들은 그들의 헤겔주의적 교육 덕분에 반동 개념의 확장을 역사철학적으로 논증할 수 있게 되었으며, 나아가 점점 더 정치화되어 가는 시대에 스스로를 대체 불가능한 대변 창구로 이해했다. "정치는 근대적 삶의 핵심이며, 오늘날 정신운동의 중심이다. 저널리즘은 바로 이 움직이는 정신 자체의 표현이다."[104] 이 문장은 1840년대 급진화 내지 당파화가 동시적으로 점증하는 속에서 정신적인 것과 정치적인 것이라는 양 영역 간의 충돌을 드러내는 대단히 적절한 표현이다. 이런 이중적 의미에서의 전환이 1840년대 즈음에 진행되었다는 것이 모든 진영의 관찰자들이 공통적으로 갖는 인상이었다.[105]

1832년 연방의회의 결정 이후* "거의 전 독일에는 …… 무거운 침묵이 지배했다."[106] 당시 "개시된 반동은"[107] 많은 이들로 하여금 1825~30년의 퇴보된 프랑스를 떠올리도록 했으며,[108] 복고 이데올로기의 실패 이후 새로운 형태의 "이론을 요구받게 되는데, 왜냐하면 …… 그들 스스로 통찰력을 만들어내지 않는다면 민족정신Nationalgeist을 지배하는 것이 불가능하기 때문이었다."[109] 정치와 이데올로기라는 반동의 이중 공격을 바라보면서 새로운 지식인들로 채워진 구성원들은 "우리 시대가 여러 측면에서 대항Reagieren을 통해 파악될 수 있다"[110]고 확신했으며, "반동에 대항해 삶과 학문 속에서"[111] 투쟁을 이끌고자 결심했다. 특히 반동과의 이데올로기적 각축이 그들에게는 소명이고 직업이었다. 1838년 간행된 루게Ruge**의 글 《프로이센과 반동Preussen und die Reaction》에 따르면, 고양된 반동 개념은 거의 공식적 성격을 갖고 출판물들에 게재되었는데, "반동이 품고 있는 적대적 사고는" 다음 세 가지에 대한 반대에 의지하고 있었다. "이성의 보장 및 …… 계몽과 합리주의에 대한 반대. …… 독일 종교개혁의 원칙과 이에 따른 교육 체제

---

* [옮긴이] 1832년 7월 독일 연방의회는 5월에 개최된 자유주의적 함바흐 축제에 대한 대응으로서 흑-적-황 삼색기의 게양을 금지하고 언론과 집회, 결사의 자유를 강력히 제한하는 결정을 내린다.

** [옮긴이] 루게Arnold Ruge(1802~1880): 독일의 문필가 겸 언론인. 민주주의적 신념을 갖고 1848/49년 프랑크푸르트 국민의회 의원으로 참여했으며, 많은 저술을 통해 당대 언론과 정치에 영향을 미쳤다. 급진적 민주주의 제도를 주장했으며, 이후 비스마르크 정부에 의해 탄압을 받고 영국으로 도피해 그곳에서 삶을 마쳤다.

및 오늘날 프로이센에서의 종교·정치적 생활에 대한 반대, 그리고 마지막으로는 가장 최근 역사에서 일어난 사건들에 대한 법적 보장의 반대, 즉 프랑스혁명과 그로부터 생겨난 국가 체제의 형성, 구체적으로 지적하자면 중앙집권 체제, 공무원 체제, 행정 체제 등에 대한 반대가 그것이었다."[112] 반동 개념의 확장과 관련해 두 가지 점이 흥미를 끈다. 하나는 루게가 "추상적이면서 대단히 질긴 자유주의"와 거리를 둔 것이며—그는 자유주의에 명예와 자유의 원칙이 있음을 인정하면서, '반동'은 이와 달리 원칙도 없는 오직 독단 그 자체라고 지적했다[113]—다른 하나는 1840년 이후 루게의 급진화이다. 그때까지 그는—신념에 의해서건 혹은 전략적 계산에 의해서건—프로이센이라는 공적 체계를 국내의 반계몽적 반동에 대항하는 개혁주의 자유정신의 담지자로 생각하고 지지했었다.[114] 프리드리히 빌헬름 4세Friedrich Wilhelm IV의 국왕 취임 이후* 그는 실망해 다음과 같이 적는다. "반동운동—이것이 오늘날 우리의 정치이다."[115] "현재 프로이센에서 그 잔인한 머리를 드러내고 있는 그 치욕적인 반동"[116]에 대해 보다 고양된 반동 개념과 반동 비난을 그 해법으로 생각했다.

루게의 사고는 전선들Fronten의 정치적이며 역사철학적 해명 혹

---

* [옮긴이] 1840년 프로이센에서는 프리드리히 빌헬름 4세Friedrich Wilhelm IV(1840~1861)가 프리드리히 빌헬름 3세Friedrich Wilhelm III(1797~1840)로부터 왕위를 이어받는다. 빌헬름 4세는 계몽적이기는 했지만 대단히 가부장적이고 관료주의적 방식으로 국가 행정을 이끌어 나갔으며, 주변에 신분제적 국가관을 갖고 있는 사람들과 가부장적 군주정 사고로 무장한 사람들에 둘러싸인 채 전혀 자유주의적 변화를 이끌어가지 않았다.

은 단순화에 기반하고 있었으며, 이들 전선들은 다가올 충돌을 피할 수 없다는, 나아가 바람직하기까지 하다는 것을 자신들의 입장에서 설득해야만 했다. 정치적 측면에서 이런 단순화는 일반적으로 보수주의자들과 반동주의자들 간의 차이에 대한 근본적 부정으로 나타났다. 바쿠닌Bakunin에 따르면, 보수주의자는 그저 "일관되지 않고, 중재적 역할을 즐겨하기만 하는 반동주의자"로서 그들의 '입장'을 "이론적 비정직성이라고 표현"할 수 있음에 비해, 반동주의자는 '진실되고' '정직한', 즉 "인간 전체ganze Menschen이고자 했다." 간단히 표현하자면 반동적 정당은, "정치에서는 보수주의로, 법학에서는 역사학파, 그리고 사변적 학문에서는 실증철학(즉 후기 셸링적)으로 불렸다."[117] 바쿠닌보다 조금 앞서 나우베르크Nauwerck 는 쓰기를, 보수주의자란 존재하지 않는데, 왜냐하면 "그저 보존만 하는 것" 혹은 절대적 무변화란 결코 가능하지 않기 때문이었다. 보수주의자는 그래서 오직 뒤를 향한 개혁, 즉 반동만을 진행시킬 수 있다는 것이다.[118] 그는 여기서 '보수주의'와 '반동'을 동일시하면서 동시에 '자유주의'를 일시적 의미를 가지면서 양 성격을 모두 취하고 있는 중간적 존재로 취급했다. 궁극적으로 '반동'과 '혁명'만이 진정한 정치적 요소로서 남게 될 것이었다. 이미 혁명은 반동을 의미 있는 유일한 적수로 인정한다는 것을 드러냈으며, 그 반대도 마찬가지였다. 이런 부정적 일치는 서로의 적대감의 강화에 기여했다. 오직 적에 대한 대립자가 되고자 하는 것이 곧 자신의 존재 조건이 되며, 자기 자신에 대한 존재론적 근거를 구성한다. "반동은 …… 거꾸로 된 혁명, 즉 반혁명이다. …… 혁명과 반동, 양자는 이론의 자식들로서, 하나는 진실을, 다른 하나는 일시적 충동Kaprice을 그 내용으로 갖고 있을 뿐이다. …… 이 양자가 놓여 있는 정치적 현실에서는 법과 헌법이 그들의 길을 가로막고 있는데, 그래서 양자는—반동은 이미 지나가 버렸다는 의미에서, …… 혁명은 다가올 미래라는 의미에서—법을 추상화시키거나, 아니면 법을 파괴해 버린다. 그러나 미래를 막을 수는 없다."[119] 그런 만큼 역사철학적 시각을 계속 염두에 두게 되지만, 이번에는 단지 자유주의적 진보 이데올로기의 문제가 아니라, 바로 종말론적 열망이 달린 문제이다. "이미 지난 세기에 드러났던 바와 같이, 혁명에 대한 희망이 점점 더 불어날수록, 이는 더 크고, 더 근본적이 되며, 그 결과는 더 심대해질 것이며,"[120] 반동은 점점 더 자극적인 색깔로 그려지게 된다. 왜냐하면 마지막 전투는—그것의 범위나 강도나 결과에 있어서—가장 거대할 것이기 때문이다. 반동이 보여주는 극단적 끔찍함을 생각한다면, 역사적 긴장이 그 최고점에 다다르는 시점에서의 반동의 승리는 "야만과 잔인함의 최종적 승리"와 사실상 같은 의미를 갖게 될 것인데, "왜냐하면 야만과 반동은 서로 분리될 수 없기 때문이다."[121]

5. 1848년의 반동

a—개관

반동 개념의 고양은 무엇보다 특정 집단에 의해 시작되었고, 통용되면서 그 예리함으로 반동 개념과 반동에 대한 비난에 그 이전까지는 없었던 강조점을 부여했으며, 그 결과 개념이 처음으로 일반적으로 관철될 수 있게끔 도왔다. 이는 무엇보다 '반동주의자' 자신들이 이제는—1820년대에 그들이 반동 개념에 대해 별로 주의를 기울이지 않았던 것과는 달리—이 개념을 공개적으로 논의하는 것을 피할 수 없었던 것에서 분명하게 확인할 수 있다. 이런 과정은 1840년 즈음 시작되어[122] 1848년에는 최고점을 맞게 된다. 적어도 일시적으로는 승리했던 혁명이 언어적 용례들을 규정했고, 이를 통해 용례들이 근대화되고 단일화되었으며, 혁명의 구호들을 통해 고전적 정치 어휘들은 영구히 쫓겨나게 된다. 과거에는 '귀족Aristokrat'이라는 단어가 지배적이었다면, 1848년에는 이를 반동주의자라고 소리쳤다고 슈탈Stahl*은 쓰고 있다.[123] 반동 개념이 다방면에서 동시에 사용되면서 1848년에는 최고로 다양한 의미를 지니게 된다. 특히 이미 1848년 전부터 독일의 분열과 "다층

---

* [옮긴이] 프리드리히 슈탈Friedrich Julius Stahl(1802~1861): 독일의 법학자, 정치가. 가톨릭적 세계관에 입각한 국가론, 법학론 등을 썼으며, 프로이센 보수당의 조직자이며 프로그램 작성자이다. 프로이센 상원의회의 종신 의원이기도 했고, 다양한 언론매체를 통해 군주 체제의 정당성을 설파하는 많은 보수적 글들을 남겼다.

적 지배구조"로 인해 "입장Position과 반대 입장Opposition, 자유주의와 보수주의, 진보와 반동 같은 단어들이 다양한 개념들과" 연관을 맺을 수 있었다.[124]

자연스럽게 개념의 다중성과 이에 기인한 신빙성의 부족은 이들에게 적대적이거나 유보적 자세를 취하는 이들로 하여금 특별히 주의를 기울이게끔 했다. 정치적 구호가 갖는 장점은 그 내용의 분명함에 있지 않고, 그 단어의 응용 자체가 어떤 특정한 정치적 입장을 겉으로 드러낸다는 데에 있다. 이런 의미에서 구호는 하나의 상징적 기능을 수행했으며, 대단히 명백한 의미를 갖는다—특히 혁명의 원칙들에 대한 화해할 수 없는 반감을 경멸적 의도를 갖고 표현해야 하는 경우가 그런 것이었다. 그런 표현의 역할은 무엇보다 정치적이며 세계관적인 충돌의 첨예화를 부분적으로는 기록하고, 부분적으로는 더 확산시키는 데 있었다. 그래서 1848년 직후 슈티르너Stirner는 '반동'을 1841년의 루게와 똑같이 정의 내린다. "반동은 혁명의 반대이다. 이 언명을 통해 반동에게 그 역사적 위상이 제시되었다."[125] 개념적 차원에서의 극단적 양극화 현상이 나타난 것에 대한 사회사적 해명으로서, 슈티르너는 1848년이 되어서야 비로소 반동이 근대적 의미의 정당으로 처음 등장했다는 것의 증거를 제시할 수 있다고 생각했다.[126] 또한 그는 이런 설명이

게를라흐Ernst Ludwig von Gerlach[127*]나 바게너Wagener[128**] 같이 이를 직접 경험했던 이들로부터도 동의를 얻어낼 수 있다고 믿었다.

b─반동 개념 및 반동 비판에 대한 반혁명 세력의 반격

반혁명주의자들이 반동 개념과 관련해 과거에 없던 적극성을 갖고 논쟁을 벌였던 것은, 그들이 1848~49년 도처에서 이 개념과 마주했기 때문이었다. "몇몇 베를린의 이상주의적 학생들이" 라우머Raumer를 "반동적 머저리Dummkopf로" 생각했다는 것을 그 스스로도 알고 있었듯이,[129] 슈탈도 "자신이 구상하는 정치 체제가 광범위한 집단들에 의해 반동적 체제"로 받아들여질 것이라고 예상했다.[130] 이를 방어하고자 하는 욕구가 (단지) 심리적인 것 때문만은 아니며 명확한 정치적 근거들이 있었다. 오직 입헌주의자들을 반동에 대한 공포에서 해방시키는 것만이 이들 이상주의적 학생들에게 모든 민주주의자들의 요구에 맞서 강력히 헌신할 것을 주장할 수 있었으며, 마침내는 그들을 반혁명의 품 안으로 유도할 수 있었다. 1848년의 상황에서 군주제에 주어진 정치적 기회는 "자유

* [옮긴이] 에른스트 루트비히 폰 게를라흐(1795~1877): 율리우스 슈탈과 함께 대표적인 프로이센의 보수 언론인. 대학에서 법학을 공부했다. 다양한 언론매체에 관여하면서 가톨릭 신앙에 바탕한 보수주의 이데올로기를 전파했으며, 프로이센 보수당의 원내대표로 활동하면서 입헌적 체제를 막고 귀족정의 복원을 위해 진력했다.
** [옮긴이] 헤르만 바게너Hermann Wagener(1815~1889): 프로이센의 법학자 겸 신프로이센 신문의 편집장. 프로이센 보수내각에서 국가공무원으로 일하기도 했으며, 보수당의 당 강령을 작성했다.

주의적 입헌주의가 급진적 공화주의와 충돌"하는 가운데 있다고 판단했던 라도비츠는, "시민계층이 무정부적 상황에 대해 거부감을 갖고 걱정스럽게 생각하게 된 것"을 반기면서, 다음과 같이 비관적으로 덧붙인다. "그러나 여전히 적지 않은 시민계층이 자신들이 반동이라고 부르는 것들에 대해서도 똑같이 거부감을 갖고 우려하고 있다."[131] 그리고 얼마 후 《크로이츠신문*Kreuzzeitung*》은 다음과 같이 우려를 드러낸다. "베를린 국민의회에서 보다 나은 생각을 가진 쪽의 사람들이 공화주의적이고 무정부주의적 사고를 갖고 있는 반대쪽 사람들에게 강력하게 대응하지 못했던 것은 반동에 대한 두려움 때문이었다. 이 두려움은 건강하고 침착한 시각과 계몽된 사고를 갖고 있는 이들에 대한 하나의 모욕이다. 우리는 갑자기 유령을 믿고 유령을 두려워하는 유치한 유아기로 후퇴했다. …… 우리는 도처에서 우리를 반대하는 격한 충동을 보고 있으며, 이것이 우리의 행동을 마비시키며, 우리가 가고자 하고, 또 가야 할 길을 막고 있다. 그 이름은 반동이다." 하지만 바로 그 반동에 대한 두려움의 "광범위한 확산"이야말로 그 두려움이 "전혀 쓸데없고, 전적으로 근거 없는 것임에 대한 최고의, 그리고 가장 확실한 증거이다. 모든 이들이 반동을 두려워한다면 이를 원하거나 이를 넘겨받고자 할 사람이 남아 있을 수 있겠는가?"[132] 같은 시기의 또 다른 기사에서는 반동이 "여론에 의해 낙인 찍혔고, 모든 철저한 절대주의자들의 눈에는—객관적으로 실현 불가능함은 논외로 친다 하더라도—이미 왕의 명령에 의해 실현 불가능한 것이 되어버렸기 때문에, 반동이 보수주의 정당의 신앙 고백일 수는 없다"고 쓰고 있다.[133] 자유주의자들을 위무하거나 혹은 민주주의자들을 무장해제시키는 데 도움이 될 결론은 다음과 같다. "흔히들 사람들이 군중Pöbel이라고 부르는, 즉 추상적 복고의 기사Ritter der abstrakten Restauration라는 의미에서의 반동적 인간들이란 전혀 존재하지 않거나 영향력이 없다."[134] 라도비츠도 국민의회에서 이와 비슷하게 설명한다. 만일 '반동주의자'가 "이미 몰락한 상황을 다시 불러일으키고자 하는" 사람들이라면, "국민의회 안에는 어떤 반동주의자들도 없다!"[135]

이처럼 정치적 권력과 위험으로서의 반동을 축소하고 부정하는 속에 1848년 반혁명주의자들의 대표적 사고가 들어 있다. 어째서 그들이 이를 계속 지켜낼 수 없었는가는 분명하다. 혁명적 요구에 대해 구체적 대책으로 대응해야 했고, 동시에 이런 류의 '반동'이 이의 반대자들이 갖고 있는 생각과는 전혀 무관함을 이데올로기적으로도 믿을 수 있도록 해야 했다. '선한 반동'과 '악한 반동'의 구분에 기반한 대안적 전략이—적어도 위기 상황에 대비해—만들어졌다. 동시에 반동 개념은 공개적으로 전유angeeignet되어야만 했고, 거기에 다시금 혁명 이후의 첫 충격에 대한 극복이 필요했다. "4월과 5월에는 한 무리의 보수주의자들이 '반동'이라는 단어를 마치 폭탄인 양 터트릴 수 있었다. …… 8월이 되면 사람들은 이제 반동이라는 상황뿐만 아니라 반동이라는 단어와도 친숙하게" 되지만, 그저 '건강한 상식bons sens' 비슷한 정도의 의미만을 갖는 단어였을 뿐이다.[136] 이미 이 마지막 언급에서 우리는, 반동적 정치가 보편민족주의적, 즉 정당정치적 이해관계를 넘어선 계명Gebot이라고 설득했을 때에야 비로소 반동 개념이 반혁명 수행에서 적합하다는 사실을 확인할 수 있다. 반동 개념의 원래적이고 정당 중립적인 의미와의 재결합은 이 목표를 위해서는 권할 만해 보인다. "'반동' 개념을 보다 자세히 살펴보자. 이는 행위Action를 전제로 하는 개념이며, 효과를 불러일으키는 반작용Gegenwirkung을 통해 존재한다. 반동은 자신이 동화시킬 수 없거나 혹은 당장 동화시킬 수 없는, 그런 낯선 종류의 모든 유기체 안에서 영향력을 발휘한다. …… 마치 건강한 육체가 병균에 대해 반응하듯이." 당파 중립적 반동 개념이라는 우회적 사용을 통해 여기에서 가장 당파적인 결과들을 얻을 수 있다. 혁명은 질병이라고 선포되는데, 질병과의 싸움이 기본적으로 건강한 유기체를 형성하는 자연스러운 과제라는 것이다. '반동'은 이런 방식으로 공포를 불러일으키는 단어에서 희망의 전령이 되었고, 나아가 "반동 반대"라는 슬로건에 저항하는 투쟁을 신뢰를 갖고 받아들이도록 했다. 이는 반드시 필요한 일로 보였는데, 왜냐하면 "'반동 반대!'라는 표어에는 호의적 생각을 가진 사람의 약점을 찌를 수 있는 충성스럽고 평화적인 느낌이 있으며" 혁명적 질병에 침윤 당한 육체를 마비시키는 저항력을 갖고 있기 때문이다.[137]

세 번째로, 반동 개념을 설명하는 통계적으로나 정치적으로 의미가 크지 않은 반혁명적 입장은 민주주의자들이 하듯 직설적으로 사용하는 가운데 나타난다. 절반은 비꼬는 투로—예를 들어, "급진주의자가 말하듯이 '온통 반혁명 세상이다!'라면서 혁명의 패배를 축하하는 가운데[138]—혹은 위협의 의미를 밑에 깔면서, "우리는 좌파 지도자에게, '반동을 불러일으킬 이들은 너희들 자신이다'라고 확신을 갖고 예언할 수 있다"[139]라고 말하는 데서 드러난다. 이를 넘어 "스스로를 진정한 반동이라고 고백하는", 영웅적 혹은 돈키호테 같은 목소리들도 가끔씩 크게 흘러나왔으며, "그들 중에는 …… 과거 상황으로의 회귀의 시도를 의미하는 목소리들도 있었는데, 당연히 이런 생각은 복고라는 표현을 사용했더라면 훨씬 더 좋았을 것이다." 언어 사용에 있어서 '제한과 조건을 붙이는 것'이 사실상 불가능하며, 다른 한편으로 "아주 잡다한 요소들로 채워진 협동조합Genossenschaft"이라는 외양은 피해야만 했기 때문에, "결국에는 언어용법상 우리를 지칭할 수 있으며, 우리를 구분해 낼 수 있는 표현으로서", '반동주의자'라는 용어만이 남게 되었다.[140] 분명 이 글의 필자는* 반대편 사람들이 사용하는 용어를 관철시키는 것이 또한 자신의 가치를 관철시키는 것을 무위로 돌아가도록 막는다는 것을 미처 생각지 못했던 듯싶다. 이 제안을 거부했던 거의 대부분의 '반동주의자들'은 이를 너무도 분명

---

* [옮긴이] 빅토르 애므 후버Victor Aime Huber(1800~1869): 독일의 사회개혁가, 사상가, 문필가. 젊은 시절 유럽의 여러 나라를 여행한 후 여행기를 남겼다. 대학에서 의학을 공부했으나 졸업 이후 언론인, 정치평론가로 활동했다. 가톨릭에서 개신교로 종교를 바꾼 후, 신앙심에 바탕한 군주정과 보수주의를 옹호하는 글들을 썼다. 율리우스 슈탈, 게를라흐 등과 개신교 모임에서 함께 활동하기도 했다.

하게 느낄 수 있었다.

c─반동 개념에 대한 자유주의자들의 양가적 태도

1848년 자유주의자들이 언어 사용에 있어 확장된 반동 개념을 거부한 것은 전형적이면서도 결정적이었다. 자유주의자들의 민주적 기원은 잘 알려져 있을 뿐만 아니라, 정치적 함의 또한 분명했다. 즉 만일 반동이나 혹은 반동의 책략에 의해 조건 지워진 정치 상황이 민주주의자들이 주장했던 바로 그것이라면, 민주주의적·혁명적 사고를 반동이 마주하게 된 것이며, 그것이 설혹 유일하게 의미 있는 상황은 아니라 하더라도, 전혀 의미가 없거나 그저 모험주의적이기만 한 것은 아니라고 할 수 있다. 하지만 자유주의자들은 전체적으로 "반동이라는 끔찍한 단어가 표현하고 있는 그런 그 끝없는 불신의 소재들을"[141] 혁명의 불쏘시개로 만들 준비는 되어 있지 않았다. '반동'을 탈신화화하고 확장된 반동 개념의 힘을 빼게 했던 자유주의자들의 공헌은 그래서 민주주의에 대한 정치적 입장과 경계를 긋도록 도왔으며 또한 규칙적으로 그런 맥락 속에서 등장했다. 로젠크란츠Rosenkranz는 루게의 극단적인 듯하면서 성급한 요구들에 반대해 실제적인 세력관계를 기억하고자 했으며, 그래서 "사실상 지금의 상황 자체 안에" 반혁명적 반동이 존재함을 인정했다. 이어 그는, 혁명적 민주주의가 이 상황에서 이성적·정치적으로 논의되지 않고, 단지 "카멜레온 같은 구름을 가득 피워내는 원천이며 핑계"로만 이용되었다고 생각했다. 그것이 꾸며낸 반동 개념의 불분명성이, "퇴행적 반동에 대한 두려움에서 생기는 공포"를 조직적으로 몰아내지도 못했고, "그런 두려움을 이용해 공화국을 위한 개종자를 만들고자 선전하는 것을" 막지도 못했다고 생각했다.[142] '반동의 위험을 부르짖는 사람들'에 반대하는 《도이체 차이퉁Deutsche Zeitung》지의 공격 또한 "'부르주아'에 대항해 모함과 거짓말, 위협 등을 행사했던 '혁명적 프로파간다'"에 대한 응답이었다. 숄리움Scholium의 다음 문장은 1848년 여름의 정치적 분위기를 직접적으로 느낄 수 있게 하며, 그래서 상세하게 인용할 만한 가치가 있다. "지적인 베를린이 현재 글자 그대로 열병에 걸려 있어 오직 반동만을 보고 소리치고 있다. …… 임대주택이라는 표시가 달린 수많은 집들 중 하나에 들어가면—그 집주인은 여러분들에게 이 반동의 시대에 모든 주택 임대료가 하락했다고 말한다. 여러분들 중 재단사의 일이 줄어들었다면, 그는 이를 반동의 탓이라고 원망한다. 며칠 전 성의 돔 지붕에 피뢰침을 세웠다—그것은 베를린을 향해 몰려오도록 반동이 베를린 외곽에 주둔해 있는 군인에게 보내는 표시였다. 무기고에서 무기가 공급되었다. 반동은 베를린을 무장 해제시키고 그 무기들을 군인들에게 전달하고자 한다. 간단히 말해 현실과 상상 속에서의 모든 악행의 실체와 원천은 반동이며, 이 이해하기 힘든 외국어를 사람들이 각자 다르게 받아들이면서 더욱 끔찍하게 작용하고 있다."[143]

전혀 보수적 사고를 갖지 않은 이들이, 예를 들어 "반동이라는 히드라*'와 같은 본질적 구호들을 텅 빈 수사 혹은 그저 비생산적 저항의 표현으로 치부해 버렸을 때,[144] 중앙당Zentrum 우파의 대변자들이야말로 우선 그에 반대해 저항했어야만 했다. 국민의회에서의 아돌프 괴덴Adolph Göden의 반동 개념과의 결별은 다음과 같이 화사한 표현들을 통해 그 영향력을 드러냈다. "'반동'이라는 단어는 프로이센 국민의회에게는 하나의 권력이다. 적절한 시기에 사용되면서 이 단어를 통해 반동은 의회의 과반 이상을 차지했다. 이 단어를 통해 반동은 수개월에 걸쳐 별 효과 없이 국민들을 붙잡아둘 수 있었다. 흥분한 대중에서 시작해 의회의 회의장 안으로 밀려들어 왔고, 다시 이곳에서부터 비밀스럽게 국민에게 침투해, 미리 계산된 유포를 통해 눈사태처럼 그 영향력이 펼쳐지도록 만들어 많은 사람들이 많은 장소에서 그 매력에 끌려들고 환상에 들뜨도록 만들었다." 반동을 그런 두려워해야 할 권력으로 인정하고 싶지 않았던 괴덴의 사고는 상황 분석에 기반한 것이 아니라, 한편으로는 그러기를 바라는 마음에, 또 다른 한편으로는 의도적 낙관주의Zweckoptimismus에 기반한 것이었다. 그로서는 '반동'이라는 표현을 인정할 수 없었는데, 무엇보다 독일 민족을 "자유로운 사람들로 구성된 민족"으로 드러내고자 하는 사람들에게 그것은 하나의 조롱이며, 두 번째로 그런 표현은 "지속적으로 명예를 유지하고, 그들의 국민에게 법에 따른 복종을 요구하며, 자신들이

* [옮긴이] 히드라Hydra: 고대 그리스 신화 속의 괴물로서 머리가 아홉 개 달린 뱀.

법을 따르는 첫 번째 종복이라는 것을 보여주고자 하는” 독일의 영주들에게 모욕이기 때문이었다. 그리고 세 번째로는 그런 표현이 자유를 사랑하는 사람들의 투쟁을 헛된 것처럼 드러내기 때문이라는 것이다.[145]

이 모든 것들이 곧, 입헌주의적 사고들이 반동 개념에 의해 전혀 쓸모없게 되었다는 것을 의미하는 것은 아니었다. 예를 들면 정치 활동을 하는 귀족만을 두고 얘기한 것에서 나타나듯이, 사람들은 오히려 반동 개념의 사용을 피하고자 했다는 것이 특징적으로 나타난다.[146] 일반적으로 이들 귀족에 대한 표현으로서 반동 개념이 사용되었을 경우, 그것은 오직 ‘무정부 상태’에 대한 명확한 비난과 함께였다. 그럼으로써 자유주의적 입장, 즉 극단적 ‘일방성’을 넘어선 중립적 입장을 강조할 수 있었으며, 이는 동시에 심리적 부담으로부터 벗어나는 데 기여했다. ‘군중’들과의 거리 두기가 궁정과 귀족의 빈정거리면서도 여전히 두려워하는 눈길로부터 이른바 부르주아적 품위를 구해냈으며, 마찬가지로 ‘반동’과의 거리 두기도 민주주의자들이 배반을 의심하지 않도록 함으로써 시민적 양심Gewissen이—혹은 ‘호의를 갖고 받아들인’ 진보의 편에 서서 복무한다는 감정이—유지될 수 있도록 했다. 이런 이차원적이고 양가적인 의미를 갖는 사고는 자유주의적-입헌주의적 운동의 모든 분파들의 글에서 거의 동일한 형태로 드러난다. 1848년 5월 27일 《카지노 협회Gesellschaft im Casino》지에는 다음과 같이 기록되어 있다. “정치적 자유는 보장되어야 한다—즉 반동은 안 된다. 하지만 철저하면서도 단호하게 무정부주의에 반대해 공공질서를 세우는 일을 위해 싸워야 한다.[147] 또한 율리안 슈미트Julian Schmidt는 쓰기를, "반동을 불러일으키는 사람, 무정부주의를 이롭게 하는 사람은, …… 조국Vaterland이라는 공동의 문제에 대한 배반자다!"[148] '무정부주의와 반동'에 대항해 싸우자는 그의 의도는 1848년 8월 13일 '7개 협회 연합 중앙위원회'의 선언문에 드러나 있으며,[149] 쾰른 시민협회도 또한 "모든 반동적 시도들뿐 아니라 무정부주의적 시도들에 대해서도 …… 강력하게 대처할" 준비가 되어 있음을 밝혔다.[150] 9월 사건* 이후 국민회의에서 가브리엘 리서Gabriel Riesser는 왜 무정부주의와 반동이 동시에 대단히 위험한 영향을 미칠 수밖에 없었는가에 대해 다음과 같이 설명했다. "무정부주의는 독일의 통일을 불가능하게 만들 것이며, 반동이 그런 난동을 반복적으로 일으키는 것은 …… 필연적이어서, 독일의 자유와 통일을 아주 오랫동안 불가능하게 만들 것이다."[151] 이 말들에는—이미 혁명 이전에 형성되었던[152]—객관적 협력, 즉 반동과 무정부주의 간의 의식적 공동 작업이라는 전형적인 자유주의적 주장(사실은 단지 양자의 동시적 상호 거부라는 동전의 뒷면을 드러내는 주장)에 대한 암시가 묻어 있다. 카를 치텔Karl Zittel은 "붉은 공화국이 언제나 붉은 왕조의 전前 체제"이기 때문에 반동이 '빨갱이Roten'의 등장을 돕는다고 바덴Baaden의 하원에서 연설했다.[153]

---

* [옮긴이] 1848년 9월 18일 프랑크푸르트에서는 혁명이 제대로 진행되지 못하는 것에 불만을 품은 민중에 의해 가두 투쟁이 일어나 수많은 사상자가 생겨났다.

자유주의적 정책에 영향력을 미치기 위해 반동과 무정부주의가 일으키는 상호 보완적 효과에 대해 슐체-델리취Schulze-Delitzsch*는 다음과 같이 경고했다. "무정부주의보다는 반동이 우리를 아무 성과 없이 끝내게 만들 것이다."[154] 1848년에 걱정스럽게 예견되었던 일들이 몇 년이 지난 후에는 슬픈 현실로 반복되었다. 로하우Rochau**는 "민주주의 정당이 …… 중산계층을 신물나게 하고 놀라게 하면서, 자신들 손으로 반동에게 길을 터주었다"라고 쓴다.[155] 같은 문제에 대한 자유주의적 비판은 정신사적으로나 사회사적으로 가장 중요한 측면을 드러내 보이는데, 즉 반동이 사실은 공산주의를 자유주의적 사상의 필수불가결하면서도 필연적인 생산물로 치부하면서도, 자신들의 프로파간다적 목적을 위해 공산주의와 연대해 반자본주의적 구호들을—'돈 보따리'와 '황금 숭배'에 대한 도덕적 비판 및 산업 프롤레타리아의 비참함에 대한 공개적 분노의 표출이라는 형태로—전유했음을 지적한 것이다.[156]

확장된 형태의 반동 개념에 대한 거부, 즉 반동과 무정부주의에

---

* [옮긴이] 슐체-델리취Hermann Schulze-Delitzsch(1808~1883): 독일의 저명한 사회개혁가며 정치가. 독일 조합운동의 선구자로서, 생산조합운동을 주도하고 노동자들의 복지를 위한 진보적 입장을 취했지만, 마르크스주의적 노동운동과는 거리를 두었다.

** [옮긴이] 로하우August Ludwig von Rochau(1810~1873): 독일의 문필가 겸 정치가. 자유주의 운동에 참가했다가 종신 노역형을 받고 프랑스로 탈출해 그곳에서 프로이센의 자유주의적 신문에 기고 형식으로 활동했으며, 1848년 이후 독일로 돌아와 신문 주필, 지역의회 의원 등으로 활동했다.

대한 동시적 거절은 결국 반혁명주의자들이 제안했던 '좋은' 반동과 '나쁜' 반동 사이의 구분이 자유주의적 어휘들 안에서도 나타나도록 이끌었다—비록 다양한 전조들을 통해서이기는 하지만. 여기에서 주목할 부분은, "실질적 무정부주의나 사기, 거짓말, 속임수 등에 대한 반동의 대응이 상대적으로 정당하다"고 우파 자유주의자들만 인정했던 것이 아니라는 점이다. 그런 정당한 대응 뒤에는 다른 의도, 즉 그 대응이 "붉은 공화국의 끔찍함을 일부러 유도했던 것은 아닌지, 일시적으로 의문이 들 수 있는" 그런 의도가 어른거렸던 점을 잊지 않고자 했던 사람들도 함께 그 정당성을 인정했다는 점이다.[157] "(혁명적) 이상주의의 자의적 자유에 반대하는 건강한 반동"과 '유산자들의 열정'이라고 표현되는 또 다른 반동 간의 차이에 대한 상세한 서술을 우리는 한 텍스트에서 발견할 수 있다. 그 텍스트 안에서 "중도 우파 정치가란 반동과 혁명이라는 이중의 재난으로 인해 의미 없어진 존재를 어렵게 지탱하는 이들"이라면서, 특별히 호의적으로 다뤄지지 않는다. 이 글의 필자는 '반동이라는 유령'뿐만 아니라 이들 정치가들과도 의도적으로 거리를 유지하고자 했으며, 나아가 자신의 저술을 '혁명이 갖고 있는 부족한 도덕적 깊이'의 증거로 삼고자 했다.[158]

d—민주주의와 사회주의 시각에서 보는 정치·사회적 반동

이상에서 서술된 고양된 반동 개념에 맞서 진행된 반혁명주의자들과 자유주의자들 간의 어느 정도 거친 논쟁은 그것이 갖는 민주주의의 정신세계와 프로파간다에서의 위상을 이미 암시하고 있었다. 민주주의자들은 반동 개념을 계획적이고 공개적인 해명의 중심에 놓는 일을 망설이지 않았다. 그래서 예를 들면, "지나가 버린 상황의 비밀스러운 지지자들이 이미 너무도 진전된 시대를 다시 반동의 침대 속으로 되돌리고자 그 첫 기회를 이용하는 일"에 대해 경고하거나,[159] "대중 적대적인 반동을 전멸시킬 것"을 요구함에서,[160] 혹은 '저항정당(반동)'이라는 존재가 갖고 있는 총체적 혐오스러움의 '긴 꼬리'를 대중에게 고스란히 드러내 보이고자 하는 시도에서 그들은 거침이 없었다.[161] 민주주의자들은 바로 이 극단적이고 그 무엇으로도 결코 미화될 수 없는 반동의 끔찍함이, 피할 수 없는 희생이나 고난을 동반하는 혁명적 궐기를 정당화시킬 수 있다고 보았다. 왜냐하면 (반동에 저항해) 폭력을 동반한 투쟁을 포기하는 것만큼 반동의 승리에 기여하는 것은 없다고 생각했기 때문이다. 슈트루베Struve가 독일 민족에게 보낸 호소문은 다음과 같다. "만일 프랑크푸르트에서 반동이 승리한다면, 독일은 이른바 준법적 방식으로, 피비린내 나는 전쟁을 통해 일어날 수 있는 것보다 더 끔찍하게 착취당하고 노예처럼 종속될 것이다."[162] 그러나 반동 개념은 민주적 관계 안에서 그 강도뿐 아니라 규모에서도 최고조에 달한다. 정치 집단이 왼편에 위치할수록 극단적 우파까지의 정치적 스펙트럼은 더 넓어지게 되며, 거기서 그 중간에 자리잡은, 적어도 몇몇 집단이나 정당들은 적대적 극단주의자들과 대단히 가까워지면서 그들과 친밀해지거나 아니면 그들에 대해 방어적 자세를 취하는 것으로 나타났다. 혁명적 민주주의의 시각에서는 '공개된' 반동주의자들뿐 아니라 '은폐된 반동주의자'도 있을 수밖에 없었다.[163] "누가 반동의 인간들인가?" 한 민주주의 진영의 전단은 묻는다. "혁명이 이루어놓은 권리들을 온 마음을 다해 진심으로 원하지 않는 모든 이들, …… 또한 자유의 정신이 덜 성숙된 이들과 고자Hämlinge가 반동의 졸개에 속한다."[164]

이러한 언어 용법은 '자유주의가 어디까지의 범위 안에서, 또 어떤 의미로 반동 개념과 관련을 맺어야 하는가?'라는 민주주의적 반동 개념의 핵심적 문제와 만나게 된다. 물론 (부분적인) 관련성이 꼭 필요함은 자명하다. 1848년은 개념사적으로 중요한 새로운 것이 만들어진 해이며, 이는 1848년에 벌어진 새로운 사회사적 사건, 즉 혁명적이며 사회적 민주주의가 독자적이고 자의식에 바탕을 두고 등장한 것과 밀접한 관련을 맺고 있다. 개념사와 관련해 보자면, 반동 개념 자체에 대해 처음에는 일정 부분 무관심으로 출발했던 자유주의가 반동과 (부분적) 관련 맺기로 끝나는 과정을 확인하는 것은 역설적이면서도 흥미롭다. 보다 정확히 얘기하자면, 부르주아 자유주의의 반동적 진행이 썼던 가면을 벗기는 것은 궁극적으로(즉 민주주의가 의식적으로 사회적 민주주의로 계속 발전해 나간 정도에 비례해) 빈곤 문제와 계급투쟁에서 시민계급의 입장을 그 중요한 실마리로 삼아 이루어졌다. 이에 따라 우선은 사회적 민주주의의 최초의 몇몇 이데올로기 대변자들이 가졌던, 사회적인 것을 정치적인 것보다 우선시하는 원칙이 반동 개념에 대한 앞에서 언급했던 무관심을 변화시키도록 영향을 미쳤다(고양된 반동 개념에 대해서도 마찬가지로). 왜냐하면 이들이 3월혁명 이전 시기의 급진민주주의적 문필가와 언론인들의 정신적 후예였기 때문이다. 그들은 (아직) 계급투쟁의 사회적 현상들에 대해 관심을 갖지 않았고, 그보다는 우선적으로 정치적 자유 내지 (언론) 비판의 자유를 위해 개입했다. 그래서 반동 개념은 먼저 사회적으로가 아닌 정치적으로 개념화되었다. 즉 반동 개념의 반대는 정치적 자유였지 사회적 평등이 아니었다. 자유주의적 자유가 아직 헌법상의 동반 현상으로 나타나지 않았거나, 나아가 자본주의적 착취의 정착임이 '폭로'되지 않은 한, 이 반동 개념도 또한 자유주의와 관련을 맺을 수 없었으며, 그래서 3월혁명 이전기의 민주적 문필가들은 자유주의가 갖고 있는 정치적이며 자유지향적freiheitlich 원칙들을 그 자체로서 환영했다. 그들 특유의 자유주의와의 거리 두기는[165] 사회적인 것 우선 원칙에 대한 고백에서가 아니라 정치적 자유 개념에 대한 다양한 이해로부터 나온 것이었다. 초기 사회주의의 몇몇 이데올로기적 대변인들이 보여주었던 바로 이 정치적 자유 개념에 대한 (상대적) 무관심은, 또한 이와의 대립 개념, 즉 반동 개념에도 역시 동일하게 드러났다.

"가난한 이들에 대한 부자들의 지배가 가장 경멸스러운 폭정으로 나타나게 된다면,"[166] 정치적 자유는 그 자체로서 공허하게 되며, 헌법이라는 형식 또한 사회적으로도 부적합한 것으로 드러난다. "절대주의자, 입헌주의자, 공화주의자, 극단주의자거나 농노,

자유주의자거나 혹은 온건주의자 …… 이들 모두가 숭배하는 정신은 돈과 상업정신, 즉 탐욕과 자기 집착의 정신이다."[167] 3월혁명 몇 달 전 한 전단지는, "우리가 민중적 자유를 갖기 이전에 민중은 굶어죽을 수도 있다"[168]고 전하고 있으며, 1848년 10월 바이틀링Weitling은 다음과 같이 쓴다. "그저 정치적 운동에서 민중은 무엇을 획득할 수 있을 것인가? …… 정부 형태의 변화만으로는 개선되지 않는다. 우리는 결코 부르주아 공화국을 원하는 것이 아니다. 돈 보따리Geldsack 정부는 그 모든 것들 중에서도 가장 역겹다. 그보다는 차라리 기병 연대가 낫다."[169] 몇몇 노동자 무리들은 실제로 강력한 분노를 표출했는데, 왜냐하면 그들이 선출한 민주 의원들이 국민의회에서 빈곤 문제를 단지 부차적인 것으로 언급하고 지나갔기 때문이다. 또한 모든 정당이 국민의 욕구를 대변한다지만, 이들이 권력을 쥐게 되면 이 역할을 잊는다는 견해도 등장했다.[170] 또한 바쿠닌은 혁명의 기본적 힘을 끌어갈 노동자의 등 뒤에서 벌어지는 '정치'에 대한 무정부주의적 거부를 다음과 같이 분명하게 표현했다. "공식적인 반동과 공식적인 혁명이 무가치함과 우매함을 두고 서로 경쟁하고 있다. …… 반동이란 나이를 먹으면서 우매하게 되는 사고이다—그러나 혁명은 그보다는 하나의 직관Instinkt이며," 그래서 혁명은 "철학자, 문필가, 정치가, 즉 자신들의 주머니 속에 완결적인 작은 시스템을 갖고 있는 모든 이들에 의해" 배반당하거나 비웃음의 대상이 된다.[171]

비록 노동자 계급과 노동운동을 미심쩍은 정치적 몰이로부터 분리해 내고 싶은 원초적 경향성이 1848년에도 제기되기는 했지만, 그것은 이미 혁명에 의해 모두 추월당해 버렸다. 성공적인 대변혁은 구체적인 정치적 입장 표명과 전망을 요구했다. 노동자들의 (정당)정치적 몰이에의 참여가 결국에는 자신들 지도자의 권력욕을 충족시키기 위한 도구가 되며, 그럼으로써 그들의 유일하면서도 진정한 해방, 즉 그들의 자기해방Selbstbefreiung을 영원히 가로막아 버릴 수밖에 없었던 것과는 완전히 별개로, 마르크스를 중심으로 한 일련의 집단들이 1848년 노동자들의 정치 참여를 옹호했지만―당시에도 그리고 그 후에도 무정부주의자들이 별 근거 없이 이를 염려했던 것이 아니듯이―노동자의 지도자로서의 역할을 유보시켰던 것이 당시의 구체적 상황과 여론에 가장 걸맞았음은 사실로 남아 있다. 마르크스주의자들은 강력한 실천 의지를 고려했으며, 이를 정치적 투쟁까지 포함해 가장 시급한 방향으로 길을 열어나가고자 했다. 여기에는 이중의 논박이 필요했는데, 즉 정치적 우파와 사회적 우파 간의 근본적 분리라는 자유주의적 형식주의에 대한 반대[172]와 유토피아적 사고를 갖고 모든 '정치를 거부'하는 것에 대한 반대[173]가 그것이었다. 이러한 거부가 정치적인 것과 사회적인 것의 자유주의적 분리를 받아들인다는 전도된 징표로 나타났기 때문에, 이 논쟁의 여지가 있는 양 목표는 한 번에 달성될 수 있었다. 우리는 왜 고양된 반동 개념이 사회적인 것과 정치적인 것의 이런 합쳐짐 이후에야 비로소 정치적 자유의 요구라는 그들 원래의 (부정적) 지향점을 상실할 수 있었는가를 이해할 수 있게 되었다. 즉 그들은 자유주의와 연관을 맺거나, '붉은' 사회민주주의에 복무하고자 했던 것이었으며, 반면에 이 정치적 자유라는 요구에 일방적으로 집착하는 것처럼 보였던, 그래서 마르크스주의적 시각에서는, 예를 들어 루게와 같은 많은 정치적 자유의 원 제기자들은 그저 소시민적 민주주의자로 폄하되었다.

그렇더라도 시민계층의 시각이나 사회민주주의 진영 내에서도 반동 개념의 용어적 사용은 두 가지 측면이 있었다. 왜냐하면 사회적인 것과 정치적인 것의 바로 그런 합쳐짐, 즉 원래 정치적으로 구상된 반동 개념이 사회적인 것, 시민적 자유주의의 사회적 특성으로 넘어가고 나서야 비로소 프롤레타리아 계급이 정치적 과제를 넘겨받아야 한다는 그들의 요구가 실현되었고, 그럼으로써 (또한) 반동 개념에 대한 새로운 정치적 정의가 옛 개념의 뒤를 이어 주어질 수 있었다. 정치적 자유를 둘러싼 투쟁에서 시민계층의 급진적 동맹자로서 프롤레타리아는 시민계급의 정치적 진정성을 시험하기 위해 논쟁적 의도를 갖고 반동 개념을 더욱 고조시킬 수 있었지만, 동시에 이 반동 개념에 귀족과 궁정을 우선적으로 포함시켜야 했다. "오직 프롤레타리아에만 의지했던" 이들에게 반동은 완전히 무차별적으로 부르주아나 관료주의, 융커 등과 같은 형태들 속에서만 나타났다.[174] 또한 노동자 신문들에서는 금융 귀족도 또한 '반동'에 포함시킬 수 있다고 정의 내린다.[175] 그에 반해 시민적 지배는, 물론 그것이 계급 지배라는 의미에서 '반동적'이기는 하지만, 그럼에도 결국 사회적 측면에서 진보를 의미한다는 통찰이 점차 관철되어 가기 시작한다. 당대의 사회주의 신문에 따르면, 결국에는 오직 산업을 불러일으키는 것만이 "융커–반동"을 깰 수 있다는 것인데, 왜냐하면 이들 융커의 사회적 힘이 농업경제나 이와 연결된 농민의 '완고한' 세계관 속에 있기 때문이라는 것이다.[176] 모리츠 폰 몰Moritz von Mohl 또한 1848년 국민의회 내 귀족토론회에서, 귀족들의 경제적 위상이 여전히 강력함에 대해 지적하면서 다음과 같이 말했다. "여러분, 만일 귀족들을 쫓아내지 않는다면, 국가에 의해 진행되는 반동 시도 또한 결코 멈추지 않을 것입니다."[177] 또한 라살레도 1849년 시민계급의 주관적·정치적 타협 의사와 객관적·사회적 진보 사이의 모순이라는 아직 덜 성숙한 사회민주주의가 처해 있는 상호모순적 입장을 다음과 같이 정리했다. "이 한젠만Hansenmann* 내각이 그처럼 반동적이라는 것이 드러나기는 했지만, 그래도 단 한 가지에 대해서는, 즉 혁명적이며 시민적인 자신의 뿌리에는 지속적으로 충성을 유지했다. 그것이 대토지 소유주를 제물 삼아 산업의 이해에 유리하도록 작용했다."[178]

그 결과 역설적이게도, 반동 개념의 자유주의적 시민계급으로의 (전면적) 확산에 대해 단지 정치적 관점에서뿐만 아니라 사회적 관점에서도 반대하는 시각이 통용될 수 있게 되었다. 이러한 사고방식은 이미 《공산당 선언》에서 먼저 드러나 있었다. 여기서 마르

---

* [옮긴이] 한젠만David Hansenmann(1790~1864): 프로이센의 은행가 겸 정치가. 프로이센의 자유주의적 정치가로서 1848년 3월혁명 이후부터 9월까지 재무장관에 임명되었다.

크스와 엥겔스는 정치경제라는 카테고리를 역사의 발전 단계라는 헤겔적 영감 체계로 엮어 제시하고 있다. 《공산당 선언》에서 '반동적'이라는 표현은 '봉건적'이라는 의미를 이미 내포하고 있으며, 그런 만큼 시민계층의 혁명적 역할을 강조했다.[179]

배경에서 작용하고 있는 역사철학적 구조에 따르면, 하나의 역사적 단계의 완결이 다음 단계로 넘어가기 위한 전제가 되기 때문에, 시민계층은 더 이상 구제하기 어려울 정도로 반동적이 되기 전에 자신의 역사적 과업을 완전히 수행해야 한다. 그래서 역사적 운동을 한 발자국씩 실현시킬 프롤레타리아가 시민계급과 (일시적으로) 동행하는 것도, 추후 결별하는 것도 모두 피할 수 없는 일이었다.[180] 반혁명의 승리 이후에도 마르크스와 엥겔스는 시민계층을 반동적이라고 표현하지 않았다. 왜냐하면 그들의 패배가 (주관적 시각에서 그것을 자신들의 책임으로 하건 아니건) 그들의 객관적이고 역사적인 과제의 완수를 가로막았기 때문에, 엄격하게 단지 역사철학적 체계라는 시각에 맞춰 반동적이라고 할 수는 없었다. 마르크스에 따르면, 부르주아가 단독으로 "반혁명의 정점에서" 지배하던 프랑스의 경우와는 반대로, 독일 시민계층은 "절대왕정과 봉건주의의 결과"이며, 그래서 그 자체로서 자신들의 지배적 위상을 드러낼 수 있는, 스스로가 주체가 된 반혁명을 일으키지 못하고, "자신들의 절대군주의 반혁명"에 참가했다는 것이다.[181] 이러한 사고에 근거해서 결국 사회민주주의는, 프란츠Frantz가 1851년 상황을 다음과 같이 적절히 요약해 표현했듯이, 자유주의적 시민계층을—상충하는 경향들과 제안들에도 불구하고—그저 '부수적 차원에서의' 반동으로 평가한다. "입헌주의자들이 운동의 원 행위자들이었으나", 민주주의가 등장하면서, "오직 그들만이 부수적 방식으로 바로 반동화되었다. 이에 반해 대규모의 야만적 행위는 그만큼의 야만적 반동을 불러일으켰고, 그래서 야만적 반동에 비한다면 그들은 혁명적인 듯 비쳐졌다."[182]

6. '반동'의 사회적·법제사적 위상 설정

1850년 로렌츠 폰 슈타인Lorenz von Stein*은 반동에 대해 고전적 명료함이 드러나게끔 정의를 내림으로써 자신의 재능을 다시 한 번 증명해 보였다. "반동이란 군주제와 그것의 불가피성, 그것이 갖는 권리와 권력 등으로 무장한 봉건사회의 원칙으로서, 국가시민사회staatbürgerliche Gesellschaft와의 전투를 시작한다."[183] 요점을 말하자면, 반동은 신분사회를 끌어가는 이들이 갖는 극단적으로 강화된 호전성을 체화시켰으며, 이들은 시민사회societas civilis의 해체에서 생겨난 새로운 '국가시민적' 사회에 대항해 결정적 전투를

---

* [옮긴이] 로렌츠 폰 슈타인Lorenz von Stein(1815~1890): 독일의 법학자 겸 경제학자. 그는 국가의 역할이 법치국가에서 복지국가로 이동해야 함을 학문적으로 주장하면서, '사회적 민주의'라는 용어를 만들어 냈으며, 당대의 부르주아적·자유주의적 진보사상을 대변했다. 킬대학의 교수로 재직 중 슐레스비히-홀슈타인의 덴마크로부터의 완전한 독립을 위한 운동에 참가해 퇴출되었고, 빈대학으로 옮겨 그곳에서 30년 동안 정치경제학을 가르쳤다.

준비하고 있는데, 그들이 이렇게 될 때까지 부분적으로는 중요한 지위들을 내려놓아야만 했기 때문에 사실상 물러설 곳이 없다는 것이다. 반동의 사회사적 골격Physiognomie에서 결정적으로 중요한 것은 신분제적 세력들의 공조와 협력이 군주제의 조력을 받아서야 비로소 발현되게 된다는 것이었다. 군주제의 위력은 여전히 국가기구(군, 관료제)에 대한 직접적 컨트롤을 통해 유지되고 있었다. 슈타인이 언급하지는 않았지만 그 뒤에는 역설Paradoxie이 숨겨져 있었는데, 즉 신분제 사회가 종말을 맞아, 자신의 호황기에 여러 번 그랬던 것처럼, 스스로의 구원을 왕정의 (상대적인) 쇠퇴에서 찾지 않고 반대로 왕정의 강화나 강점에서 찾았다는 것이다. 혁명의 위협이 군주제(국가적 지위Staatlichkeit의 담지자)와 귀족(이러한 국가적 지위의 철저한 관철에 대한 전통적 반대자)을 연합하도록 만들었다. 그래서 국가적 지위나 국가권력을 쥐고 있는 한에서는 이들을 자신들의 구조에 유리하도록 동원하는 것이 가능했다. 이들 국가적 지위나 국가권력이 절대주의 시대에는 신분제적 구조들과 공개적으로 싸우고 처부수려 하지 않았다 하더라도, 적어도 이런 구조들을 약화시킬 수는 있었다. 반동적 시도들은 그 자체 안에 모순을 품고 있다. 하지만 이는 근본적으로는 혁명 이후의 상황에 해당하는 여러 모순적 형태 중 단지 하나인 것이며, (군주제가 이뤄냈고 보여주었던) 국가적 지위와 귀족 간의 관계들이 처음부터 갖고 있던 것으로서, 그런 한에서 이것은 다름 아닌 국가에 의한 시민사회societas civilis의 해체에 반대하는 자기 방어였다. 하지만 이와 함께 이제 막 만들어진 국가기구의 (대부분의) 자리들을 자파의 구성원으로 채워야만 했고, 그럼으로써 국가의 운명과 자신들을 어느 정도는 일치시켜야만 했다.

'반동'의 사회사적 위상 설정에서 신분제 사회를 끌어가는 이들과 국가권력을 이끄는 군주정 사이의 동맹의 의미를 위에서 언급한 바와 같이 개념적으로 명확하게 표현한 이는 슈타인이었지만, 사실은 당대의 많은 관찰자들에 의해 인식되고 있었다. 엥겔스 또한 "군주제적·봉건적 반동"을 얘기하면서 슈타인과 마찬가지로,[184] "거대 봉건귀족"의 사회정치적 지지층은 "농촌 소귀족, 성직자층", 그리고 최종적으로는 "왕정과 그들의 군대 및 관료제"라고 설명했다.[185] 또한 자유주의자들도 독일의 (신분제적) 반동이 오직 "그들이 손에 쥐고 있던 국가권력의 도움을 받았고, 이를 통해 무기와 무력을 제공받을 수 있었기 때문에 전체를 지속적으로 장악"했던 것임을 인식하고 있었다.[186] 과거 여러 개혁의 진행 과정에서 관료 체제가 결정적 역할을 했다는 것을 상기한다면, 반동이 "공무원층"까지 장악하고자 시도했던 것은 자유주의자들에게는 강력한 타격이었다. 만일 이것이 성공했더라면, "왕정은 결국 토지귀족 이외의 다른 어떤 독립적 조언자"도 얻지 못했을 것이다.[187] 루트비히 폰 게를라흐는 프로이센 공무원이 갖고 있는 전통적 권력을 인정했고, 그로부터 자신의 방식으로 실질적인 논리적 귀결을 끌어냄으로써 자유주의에 대한 두려움을 분명히 드러냈다. "그렇다고 공무원이 경멸의 대상이 되어서는 안 되지만, 그럼에도 기독교적·법적·정치적 진리Wahrheit가 그들을 흔들어야 한다."[188] 여기서 진리가 무엇을 의미하는지는 명확하다.

신분제 사회를 끌어가는 이들의 시도 속에 박혀 있는, 자신들만의 목표를 위해 국가권력을 움켜쥐고 있는 치명적 모순을 로하우는 1853년 다음과 같이 대단히 적절하게 설명했다. "늘 하나의 묘한 현상이 있는데, 즉 역사적 권리, 유기적 지체肢體, 자연스럽게 성장하는 국가활동 등을 늘 입에 달고 다니는 그런 정당이 과거 좋았던 지난 시절의 시각에 매여, 법률 제정이나 행정적 집행, 기술적 지배 방식 등을 철저한 엄격함을 갖고 평가할 수 없다고 믿는다는 것이다. 그래서 이 정당은 온갖 거창한 구호들이 동원된 극단적 모순을 품은 채, 국가를 법에 의지해 다시금 역사적 발전에 따른 신분제적 체제로 작동시킬 것을 요구했다. …… 이미 오래전부터 신분제적 개념들을 품고 있던 그 현실Wirklichkeit이 이제 위로부터의 권위주의적 개입을 통해 재건되어야만 하며, …… 사회의 '유기적 지체'는 녹색의 탁자에서 구상되고 행정부를 통해 집행되어야 한다."[189] 결정주의적이고 자의적인 국가, '살아 있는 것'과 '유기적인 것'을 억압하는 국가라는 오래되고 전형적인 비난들은 적어도 몇몇 신분제 사회 주창자들에게는 이제 혁명의 위기 앞에서 더 이상 문제가 안 되었다. 군주제 국가는 의무적으로 스스로 힘차고 역동적으로 행동해야 하지만, 그러나 그것은 단지 이 국가가 새로운 사회에 맞서는 적대자의 도구로 쓰인다는 조건 하에서만 그렇다. 이런 상황 아래서, 그리고 부분적으로는 프랑스의 반동적 출판물의 영향으로, 독재적 해법들에 대한 공감이 커질 수밖에 없었다.[190] 물론 이 해법은 바로 그런 이유 때문에, 많은 지지자들을 획득하지 못했을 뿐만 아니라 정당 정책상의 구체적 표현도 만들어 내지 못했다. 그럼에도 '붉은 반동', '붉은 반동주의자'라는 말들이 1840년대 말부터 유행하기 시작했다.[191] 그 의미는 반혁명적 원칙들이 하필이면 혁명적 방식들을 통해 되살려질 수 있거나—혹은 적어도 그 사이에 새로운 것이 정착된 곳에서는 반동이 진실로 혁명적이며 폭력적인 변혁을 만들어 내야만 한다는 것이었다. 그렇게 본다면, 이미 1838년에는 정치적 반동주의자들이야말로 "뒤를 향해 전진하는 혁명가"인 것처럼 보였다.[192] 1862년 프란츠는 그저 방어적인 '보수주의'와 구분해 반동주의자의 행태를 다음과 같이 설명했다. "반동주의자는 …… 천성적으로 활동적이고 공격적이다. 그들은 끊임없이 파헤치고 재촉하며, 자신들의 이 작업을 위한 능력을 민주주의적 능력과 경쟁시킨다. 그들은 또한 폭력적 수단을 마다하지 않으며, 그 반대로 국가에 대한 역모는 그들에게 완전히 익숙한 사고이고 투쟁의 욕구가 그들의 심장을 두근거리게 만든다."[193]

프란츠는 또한 보수주의가 활동적이고자 하는 한에서는 반동에 합쳐질 수밖에 없다고 생각했다. 보수주의는 그 정의상 "정적인 요소"이다. "개혁한다는 것은 무언가를 보존하는 것conservieren과는 다르며, 보수적 개혁이란 난센스이거나 췌언Pleonasmus일 뿐이다." 그래서 보수주의자들이 스스로를 보수주의자로 내세워 진행시킬 수 있는 유일한 개혁은 과거로의 회귀밖에 없다는 것이다.[194] 엄격한 어원적 의미에서, 이 언급은 맞는 것이며, 또한 사회사적으로도 일리가 있는 지적이었다. 기존의 것들이 온존하는 틀 안에서, 빠르게 확장되는 사회적 동력은 그저 "보수주의가 역사의 기반이 되는 것"[195]을 가능하지 않게 만들었기 때문에, 그 지지자들은 반동을 과거로 되돌리는 개혁으로 타락시키거나, 아니면 그들의 보수주의가 갖고 있는 글자 그대로 정적인 이미지로부터 벗어나 보수주의를 개혁의 시각을 갖고 전향적으로 넓혀 가야만 했다. 여기에서 보수주의자들이 구상했던 것들을 그들의 적대자들이 '진실된' 개혁으로 인정할 수 있었는가라는 문제는 중요한 문제가 아니다. 물론 자유주의자들이—그것이 단지 의도적 낙관주의라 하더라도—가끔은 "진짜 보수주의자들"과 "절대주의 정당들" 사이의 차이를 "명확히 드러나는 반동적 성격"[196]을 잣대로 구분하고자 시도했었다. 부족하기는 하더라도 슈탈도 역시 정통주의 정당을 세 분파로 구분했는데, 즉 절대주의자, 봉건적 정통주의자, 신분제적 입헌군주제 지지자가 그것이었다.[197] 한편 게를라흐는, 보수 정당이 절대주의를 "원칙적으로 혁명적"이라고 믿었기 때문에, 1851~52년 사이 "보수 정당을 절대주의적 당과 왕을 보수적 상원에 종속시키는 당"으로 분리하는 방안이 논의되었다고 기록하고 있다.[198] 절대주의가 원칙적으로 혁명적이라는 문장은 문제의 핵심을 지적한 것으로서, 이는 당대의 유행어로 "붉은 반동주의자들"이라고 불렸던 "절대주의적" 분파가 왜 소수파로 남았는

가라는 질문의 해결에 실마리를 준다. 대부분의 신분주의자들이 가졌던 "붉은 반동"에 대한 반감은 운동당Bewegungspartei[*]에 대한 호감에 뿌리박고 있었던 것이 아니라, '계몽국가'[199]에 대한 편치 않은 기억과 요세핀주의Josephinismus[**]라는 유령에 대한 거의 패닉에 가까운 두려움 때문이었다. 운동당에 반대하는 싸움에서 국가 권력의 과도한 강화 내지 중앙집권화가 결국에는 신분제적 질서의 해체를 가져올 수밖에 없거나, 아니면 적어도 '혁명적' 사고를 갖고 있는 군주정에게 그에 필요한 도구를 손에 쥐어주는 결과를 가져올 것을 두려워했던 것이다. 비록 군주제적 독재라는 사고에 미련을 두고 있는 사람들이 신분제적 질서를 구하고, 그래서 혁명을 뿌리 뽑을 때까지만이라는 제한된 독재를 원하던 이들도 요구했던(슈탈이 지적했듯이, 절대주의와 봉건적 정통주의자들 간의 구분은 실제적으로도 거의 없었다) 임시적 독재가, 두려워할 만한 절대적 권위의[200] 독재로 전환될 위험에 대해 그저 가볍게 생각할 수만은 없었다. 이미 운동당은 비록 입헌적 형식으로는 아니더라도 군주제를 시민사회에 가까운 관료적 개혁주의의 형식을 받아들일 수 있는 그런 동맹의 유혹으로 끌어들일 수 있을 만큼 충분히 강력했다.

지배층을 구성하고 있는 신분제·반혁명적 집단들은 현재의 세

---

* [옮긴이] 일반적으로 정치학에서 운동당Bewegungspartei은 모든 문제들을 다 다루는 정당이 아니라 주로 사회운동에 초점을 맞춰 활동하는 정당을 일컫는다.
** [옮긴이] 요세핀주의Josephinismus: 오스트리아의 계몽 군주 요제프 2세Joseph II(1741~1790)에서 기원한 용어로서, 사회를 엄격한 행정적 통제하에 두면서 국가와 사회를 계몽적으로 변혁시키고자 했던 지배 원칙. 1781~1790년 사이 가장 강력하게 추구되었다.

력판도가 갖는 다양한 전개 가능성, 절대주의적 전권으로 무장한 군주정의 자유주의로의, 나아가 민주주의로의 탈선의 위험들을 다시금 분명히 주시하고 있었다. 이미 1823년 슐레겔은 루트비히 14세 같은 절대주의 왕정에 대한 극단주의자의 환호를 "개념들의 불분명함과 혼동의 특이한 사례"로 간주했다. 그는 "순수 수학적·기계적 국가관과 국정 행위가 …… 단지 혁명주의자들에게만 적용될 수 있는 것이 아니며, 가장 정당성 있는 정부의 많은 새로운 행정 과정들에도 이와 동일한 시대정신이 활발하다고 생각하면서, 여기에서 정당성이란 선善(Tugend)도 아니고 반혁명의 보장도 아니라고 적고 있다.[201] 이런 사고관은 바더, 슈탈, 게를라흐 형제, 라도비츠 같은 다른 보수주의자들도 함께 갖고 있었다.[202] 늦어도 1815년이 되면 신분제적 원칙의 대표자들은 "관료제적 절대주의"가 보나파르트주의적 경향*들을 갖게 될 수 있다는 것을 분명히 알게 된다.[203]

물론 이 모든 것들은 그 이면을 갖고 있다. 왜냐하면 그 사이 자신들의 권력 중심지를 넘어서 경제적으로나 문화적으로 점점 더 의미 있는 도시들을 관장하게 된 운동당의 공격 때문에 이에 저항하는 군주정의 집중화된 권력에 기대지 않고는 신분제적 질서와 그것이 갖고 있는 특수성을 지켜내기 어렵다는 것이 분명해졌기

---

* [옮긴이] 보나파르트주의Bonapartismus: 19세기 나폴레옹 1세 치하에서 진행된 체제로서, 인민의 의지를 전면에 내세우면서 구체제와 시민적 의회주의 모두에 반대하는 권위주의적 군주정 형태의 독재 체제.

때문이었다. 할러의 절대주의에 대한 거부를 환영했던 슈탈은, 다른 한편 세습국가의 시대는 최종적으로 가버렸으며, 그래서 군주정이 강화된 만큼의 국가적 지위의 진보 또한 피할 수 없다는 생각을 분명히 갖게 된다.[204] 또한 게를라흐도 군주정이 이제부터는 이중의 과제를 갖고 있다고 보았다. "영주는 이제 무엇보다 군사적·독재적 기반을 만들어 내야만 하며, ... 하지만 이를 세습 영주의 억제와 함께 진행시켜 나가야 한다."[205] 이 말에는 사회적 발전을 통해 약화된 귀족을 국정에 세우며, 이들 세력의 쇠약을 부분적으로는 극복하고 부분적으로는 상쇄하기 위한 강력한 왕정에 대한 바람이 드러나 있다. 그들이 정부기구를 통해 "유기적인 것"의 대변자를 지원하는 한, 국가권력을 통해 진행되던 개입은 긍정적으로 해석되거나 기존의 비판과는 달리 해석될 수 있었다.[206]

신분제 옹호자들이 두 개의 서로 다른 안건을 동시에 요구하는 가운데, 그들은 자신들의 유기체론적 자기이해와 결정론적·자의적 정책 사이에서 망설여야만 했다. 창백하게 붉은 혹은 새빨간 반동주의자들은 자신들 스스로에 대한 정당화를 결정론적·자의적 정책이 실제에서는 불가피하다는 것에서 찾았으며, 또한 이런 정책을 과격하게 이끄는 것에 자신들의 구원이 있다고 보았다. 역사적 발전의 현실적 평가는 이러한 사고에 근거하지는 않았지만, 그럼에도 이러한 발전은 유기체주의와 정통주의의 파산에 대한 현실적 인지를 암시하고 있었다. 후일 보수주의자[207]에 의해서도 사실로 받아들여졌던 반혁명 진영 내에서의 정통성 이론과 권력

정치적 실재 사이의 불일치는 자유주의자들과 민주주의자들에 의해 일찌감치 공개적으로 비판되었으며, 이를 통해 반혁명은 이데올로기적으로 지속적 방어에 몰리게 되었다. "정통성이 낳은 첫 번째 딸이 작센의 분할이었다"라고 이미 1820년 달만Dahlmann은 쓴 바 있다.[208] 크룩Krug도 결코 그 못지않게 즐기는 말투로, "이미 말과 행동으로써 나폴레옹을 인정했던 전 유럽의 권력자들이 그를 가장 거친 방식으로 모욕하지 않았더라면," 나폴레옹은 결코 정통성 있는 지배자가 되지 못했을 것이라고 주장할 수 없었을 것이라고 덧붙인다.[209] 그처럼 결코 반박하기 힘든 논리 앞에서 "붉은 반동"은 정통성 원칙Legitimitätsprizip에 기반한 정치행위가 전적으로 불가능하다는 통찰에 다다랐다. 그들의 (일부) 현실주의는 이러한 인식에 기반하고 있었다. 이런 시각에서 볼 때, 하필이면 "붉은 반동"으로 시작했던 비스마르크가 1857년 게를라흐와의 편지를 통한 논쟁에서 정통주의 원칙과 결별할 수 있었던 것은 결코 우연이 아니었으며, 그 결과는 무엇과도 견줄 수 없을 정도로 결정적이었다.[210]

국민의 복속을 목적으로 군주정과 신분제 사회 간에 맺어진 동맹을 '반동'이라고 했던 슈타인의 정의는 군주정이 근본적으로는 하나의 독립체unabhängige Instanz라는 테제를 내포하고 있다. 이 독립체는 절대주의를 두려워하는 신분제주의자들을 밑에 거느리고 있지만, 사실은 군주정을 자신들에게 유리하게 이용하고자 하는 한에서는 자유주의자들도 마찬가지였다. 자유주의자들의 생각에 따르면 반동의 실질적이며 정치적으로 완전한 발현, 즉 '반동 체제'는 군주정의 동조 없이는 불가능한 것이었다.[211] 그러나 만일 자유주의자들이 군주정에 유리하도록 행동했다면, 이들 자유주의자들은 당연히 왕정을 오도했던 신분주의자들을 반동의 원천적 창시자, 실행자, 그리고 그 이익의 착취자로 몰아세웠어야만 했다. 로텍은 "영주들과 민중 사이에 극렬한 불신을 심은 이들"이 바로 "반동적 남성들" 정당이라고 생각했다.[212] 또한 다른 자유주의적 견해들도 "영주들과 민중 사이를 유감스럽게도 계속 이간시키는 반동 정당"에 대해 거부감을 드러내었다.[213] "군주정적 민주주의 정부"는[214] 군주정과 신분제 사회 간의 동맹에 대한 반작용으로서 자유주의적 대항 개념을 구성했다. 왕정과 민주주의 간의 결합은 상상의 산물이 아니라 연방법 13조의 정신에 따른 것이라면서,[215] 이미 칼스바트 결의는 격렬히 반박되었다. 많은 이들이 다시금 영주들에게 그들의 진짜 친구들은 입헌주의자들에게서 찾을 수 있음을 증명해 보이고자 시도했는데, 왜냐하면 귀족은 기본적으로 단지 자기 자신만의 이익을 챙기기 때문이었다.[216] 혁명기 한 청원서에는 "군주정이 인민의 자유와 내적으로 결합하는 것만이 점점 커져가는 위기들에 대한 유일한 방어책이다"[217]라고 쓰여 있다. '귀족영주Adelsfürsten'와 '평민영주Volksfürsten'는[218] 서로 비교 대상이 되었고, 평민영주에게 '반동'으로부터의 보호에 대한 기대가 주어졌다. 그러한 기대에 반하는 수차례의 새로운 실망을 겪은 후 '민주주의적 군주정'이라는 개념은 많은 빈정거림의 대상이 될

수밖에 없었다.[219]

7. 1849~1866년 시기의 '반동'

혁명의 패배와 함께 반동 개념은 정체停滯(Stagnation)의 시기를 맞게 된다. 이후 10여 년이 넘는 기간 동안 이 개념은 정치적으로도 역사철학적으로도 내용물을 거의 추가시키지 못하며, 오히려 침체되거나 나아가 진부하다는 인상만을 자주 준다. 반동의 승리하에 이 개념의 원 제기자와 이의 담지자들이 어려움을 겪고 있었으며, 그래서 반동의 현실은 이 현실에 대항하는 논쟁적 개념으로서의 '반동'을 부분적으로는 몰아내고 부분적으로는 약화시켜야만 했었다. 왜냐하면 개념은 (우선적으로) 그것이 얼마나 사실적 내용인가에 기반하는 것이 아니라, (무엇보다) 개념을 처음 제기한 사람과 이로부터 이득을 취하는 이의 현실적 힘에 기반하기 때문이다. 그럼에도 1849년의 반전이 반동 개념을 정치 무대로부터 강제적으로 퇴장시킬 수는 없었다. 그러기에는 1840년 이후부터 진행된 반동 개념의 확산 규모가 너무 컸다. 1849년 이후의 시기에 대한 '반동기'라는 표현은 1860년대 역사 서술에서 일반적으로 관철되었으며,[220] 반혁명 작가 자신들도 당시의 '반동의 승리'[221]라는 표현을 사용했다. 그렇지만 이는 오히려 '반동'이 부분적으로는 기술 용어terminus techicus로 쓰이는 단어가 되었다는 의미로 받아들여야만 한다. 라도비츠는 1850/51년 "궁정과 지방에서의 반동적 정당"과 거리를 두고자 했을 때,[222] 이 단어를 기술 용어로 사용하는 것과 '붉은 반동'에 대한 불신을 서로 연결시켰다. 슈탈도 또한, 비록 드물기는 했지만, '반동'을 전적인 거부라는 경멸적 의미로 사용했다.[223] 당대의 자유주의적 출판물들에 이 단어가 종종 등장했으며, 특히 당대에 일어나고 있는 역사에 대한 묘사에 등장했다.[224] 아울러 정신적·문학적 출판물들을 통해 (지속적으로) 번져갔다.[225] 게르비누스Gervinus가 "1815~30년 사이의 반동"을 자신의 역사 서술의 주제로 삼았을 때, 그가 의도해 상세히 서술했던 것은 반동이—정치적 형식으로뿐 아니라 문화적이며 이데올로기적 형식 등—다양한 형식을 수용할 수 있다는 것이었다.[226]

만토이펠Manteuffel 같은 반혁명주의자도, "비록 사람들이 모든 수단을 동원해 (봉건적) 반동을 추구하고자 했지만 현실의 저항에 부딪혀 실패했는데, 그것은 보다 새로운 문명 전체가 명백한 필연성을 갖고 봉건주의의 해체를 이끌었기 때문이다"라는 것을 혁명의 패배 이후 분명히 인식했다.[227] 승자의 그러한 인식이 패자에게는 거의 위안이 되지 못했는데, 왜냐하면 패자들은 '열혈 반동Vollblutreaktion'이 현실에서 작동하는 것을 보았으며,[228] 그래서 종종 다음과 같은 것을 현실에서 확인해야만 했다. "오늘날 우리의 반동의 진행은 1819년의 사건을 대단히 생생하게 기억하도록 만든다."[229] 특히 그들을 불안하게 만든 것은 1848년의 "패배가 반동적 시도들에게는 여러 가지 부속적 사건들이 뒤따르도록 만들었던 반면에, 슬프게도 그 반대쪽에게는 모든 정치에 대한 무관심에 …… 스스로 사로잡히도록 만들었다는 것이다.” “정부의 비호 안에서 크로이츠신문 분파는 도처에 사회적·정치적 모임들을 …… 만들었으며, 이를 자신들의 영향력과 성장을 위한 강력한 지렛대로 사용했다. …… 입헌주의자들이 이에 대해 아무 대응을 하지 않으면, 그것의 필연적 결과는 그들 정당 당원들의 점차적인 분열과 해체가 될 수밖에 없었다.” 이러한 반동의 공격에 대한 방어는 그저 의회주의적 작업만으로는 충분치 않은 듯 보였다.[230] 비록 당대의 총체적 상황이 어두운 듯 보이기는 했지만, 그럼에도 반동이 자신들을 위해 공개적으로 독재적 폭력을 사용하지 않았고, 자신들에게 점차 유쾌하지 않은 변화를 가져다줄 수 있는 입헌주의적 행위들을 허용했다는 사실은 희망적이었다. 여기에는 일시적인 직접적 후퇴라기보다는—진보의 객관적이고도 멈춰 세울 수 없는 진전을 고려한다면—입헌주의적 원칙들의 간접적 승리라는, 보다 큰 의미가 부여되었다. 반동 자신도 1820년대와의 비교가 말해주듯이, 일반적 진보라는 의미에서 스스로를 더 발전시켜야만 했다. “만일 우리가 현재 급속한 후퇴의 국면에 있는 것이라면, 이것이 우선은 조수 간만의 법칙을 따르는 것이며, 우리는 1819년의 유비적 상황에 대한 최고의 비교 대상으로서, 보편적인 발전의 길을 가고 있음을 잊어서는 안 된다. 반동뿐만 아니라 1851년의 가장 진보적 정당도 당시보다는 낫다. 반동은 우리들의 고유한 방식을 따르도록 강요받고 있으며, 자유주의가 모든 관계들에서 명확하게 자리잡고 있다."[231]

자유주의자들은 경제의 장기적 추세에 대한 평가에서 특히 낙관적이었다. 왜냐하면 이들이 보기에는 비록 반동이 정치적·이념적 진보를 폭력을 통해, 혹은 적절한 헌법상의 메커니즘을 통해 적어도 한동안은 억압할 수 있었다는 것이 분명했지만, 그런 도구들이 경제, 구체적으로 산업의 자기 동력이나 자기 논리에 반하는 것이어서 영향력을 별로 발휘할 수 없었기 때문이다—더욱이 반동에게는 지금 사람들이 흔히 부르듯 '융커 정당'의 사회적 담지자로서, 경제적 근대화가 자신들의 생존을 위해서도 필요했다. 슐체-델리취는 1861년 다음과 같이 서술했다. "융커 정당이 비록 학문이나 이와 유사한 아름다운 것들의 귀환Umkehr을 설교했고, …… 교회와 학교, 정치, 경제 등의 내부에서의 반동을 자신들이 할 수 있는 한 지원했지만, 산업의 영역만 놓고 보더라도 이 정당이 이미 자기 자신의 이해관계에 따라 결코 넘어서지 못하는 경계가 있다."[232] 그럼에도 그는 정치적 반동과 산업적 진보 간에 존재하는 객관적 모순, 즉 정치적 반동의 봉건적 행위자들의 무능 속에 드러나는 모순을 분명히 지적했는데, 한편으로는 자신들의 지배를 정당화하기 위해 국민경제에 의지해야만 하면서도, 또한 인민의 이익이라는 의미에서 국민경제를 끌고가야 하는 모순을 보여주었다. "이런 모순된 입장은 지금까지 격렬한 비난의 대상이 되어왔다. 그러나 바로 그 정치적 반동이 이러한 기반을 바탕으로 당시에는 자신들의 공격을 승리로 이끌었지만, 한 국민의 물질적 이해가 정치적 반동의 손아귀에서보다 더 악화될 수 없음에 대한 근본적 증거를 그들이 행정적 책임을 맡는 동안에 드러내 보이는 것은 유보된 채 남아 있었다."[233]

반동 개념과 반동에 대한 비난 간의 경제적 고려를 두고 맺어진 이 연계는 그 자체로서 혁명기의 정치적 실망 이후 시민계층의 주된 이해관계가 이동한 것의 표지이다. '반동'에 대한 모욕적 언어 용법은 이 경우에는 새로운 정치적 행동에 대한 촉구라기보다는 언어적·정치적 회고담Reminiszenz이다. 거기에 더해 여전히 생생히 남아 있는 패배 이후의 힘의 역학관계가 상황을 더욱 혼란스럽게 만들었다. 특히 자유주의자와 민주주의자 간의 관계에 대한 문제가 아직 결정되지 않은 채 남아 있었으며, 이는 반동에 대항하는 정치적 투쟁의 불가피성이라는 측면에서 계속 더 논의해야 될 사항이었다. 슐체-델리취는 1859년 "지난 몇 년간 반동 덕분에" 입헌주의자와 민주주의자 간의 사이가 가까워졌다는 인상을 받게 되며,[234] "자유주의적 정당들 간의 바람직하지 않은 단절의 원상회복"을 희망했는데, "이러한 단절은 주로 사회적 영역에서 발생했으며, 오직 반동들에게만 이익이 돌아갔었다." "교육받은 중산층과 노동자층" 사이의 통합의 전제조건은 당연히 "붉은 유령에 대한 두려움"의 제거였으며, 특히 "해악을 끼치는 사회정치적 몽상"에 대한 분명한 거부가 있어야 했다.[235] 이러한 화해 기획의 결렬은 자유주의가 반동과 (사회적) 민주주의 모두와 같은 정도의 거리를 유지해야 한다는[236] 오래전의, 즉 새로운 반동이 일어났던 초창기에 반복해서 강조되었던 테제가 다시 살아나도록 만들 수밖에 없었다. 우리가 알다시피, 그 이면에는 양 극단주의 간의 협력이라는 이론이 존재하고 있었다. 슐체-델리취는 이에 대해 가장 적절한 표현을 제시했다. "여기에 사회주의자들이 봉건주의자, 교황절대주의자, 그리고 그 밖의 온갖 반동의 분파들과 함께 가장 아름다운 통합을 이루고 있다. …… 다른 한편에는 자유주의적 정당들 전체가 그 모든 자신들의 그림자와 함께 서 있다."[237]

1858년 10월 빌헬름 왕자가 황제로 즉위한 이후, 새로운 황제는 "참된 입헌주의적 삶으로의 신념에 찬 전환"을 한 것으로 평가되었으며,[238] 그래서 프로이센 국가에 대한 반동 비난은 완전히 적절하지 않은 듯 보였다. 그러나 그는 곧 새로운 세력으로부터 기반을 얻게 된다. 헌법 갈등Verfassungskonflikt*이 새로운 시대Neue Ära**와 연결된 환상을 부숴버렸으며, 많은 자유주의자들로 하여

---

* [옮긴이] 프로이센 헌법 갈등Verfassungskonflikt: 군 개혁과 권력분배 문제를 두고 1859~1866년, 프로이센 왕 빌헬름 1세와 의회 사이에 발생한 충돌을 의미. 왕과 당시의 총리인 비스마르크는 헌법상 의회와 내각 사이의 의견의 불일치 시에 처리규정이 없음을 이용하여 자신들의 군 개혁에 관한 의지를 관철시키고자 했고, 자유주의 의원들에 의해 지배되던 의회는 이에 반대함으로써 지속되었던 충돌이다. 1866/67년 비스마르크에 대한 면책특권의 인정과 자유주의자들의 분열로 종결된다.

** [옮긴이] 새로운 시대Neue Ära: 1858년 가을부터 1862년 초 사이의 프로이센 정부정책을 일컫는 표현으로서, 왕자 빌헬름 1세에 대한 섭정의 시작과 함께 (빌헬름 1세는 1861년 프로이센의 왕이 된다) 프로이센 군주정은 50년대의 보수반동적 권위주의 체제를 벗어나 보다 완곡한 자유주의 내각이 들어서게 된다. 이 시기 프로이센 군주정은 군부의 정비와 자유주의적 대부르주아 세력에 대한 약간의 양보 등을 통해 지금까지보다 더 확고한 위치를

금 자신들이 그저 '야당'일 뿐임을 인식하게 만들었다.[239] 군사 개혁에 대해 그들이 반대한 주요 근거는 물론 "군부귀족의 절대주의적 경향들에 대한 그들의 혐오" 내지는 "군사제도 개혁을 반동적 의미에서 진행시킬 것"이라는 의심에 있었다.[240] "1813년의 정신에 입각해" 표현하고 싶었던 프란츠는 "일반적으로 받아들여지는 의미에서의 입헌주의"를 "봉건적 반동"만큼이나 거부했으며, 지난 1862년 "폭풍을 막고 바깥으로 밀어내기 위해 반동의 마지막 힘들을 모으고자 했을 때, 옛 건물들은 무너지지 않았다"고 기록했다. 그래서 반동 세력은 "기사의 성들Ritterburgen의 몰락 이후 잃어버린 병영 내 지지층들을 되찾기 위해 군대를 가능한 한 시민층으로부터 격리시키고자" 시도했다는 것이다.[241] 그런 여러 입장들 앞에서, 적어도 몇몇 자유주의자는 자신들의 당 내에서 망설이는 사람들에 대항해 무력적 해결책을 실행하고자 했다. "민중das Volk이 우리에게 자신들의 견해를 표현해 주고, 반동의 거짓 체제를 서슴없이 …… 드러내는, 그들의 진정한 대변자들이 되어주기를 기대하고 있다."[242]

그럼에도 명백한 전선이 그어진 이 충돌에서 반동 개념을 무기로 치열한 전투가 일어난 것은 아니었다. 헌법 갈등은 군대의 재조직 문제를 제기했지만 그 시급성을 상실했다. 군대가 자유주의적 세력에 반대해서가 아니라 하필이면 오스트리아에 대항해 투

확보한다.

입되었고, 이는 대부분의 자유주의자들에게는 전적으로 "신성한 체하는 복고이며, 가장 완고한 반동"을 상징하는 것일 뿐이었다.[243] 어느 면에서 보아도 반동의 가장 사랑스러운 자식에 해당할 군대를 반동 자신에 반대해, 그리고 오래되고 원대한 자유주의의 목표, 즉 민족적 통일을 위해 투입했던 것은 반동의 전통적 적대자들을 적어도 부분적으로는 혼란스럽게 만들었음에 틀림없으며, 그럼으로써 반동 개념을 어느 정도 불분명하게 만들었다. 1863년과 1866년 사이의 군 투입은* 자유주의자들의 적을 명시적으로 분명히 하는 것보다는 자유주의 내부에서의 노선 투쟁을 이끄는 것에 기여했다. 두 가지 점에서 그러했는데, 첫 번째는 각기 다른 자유주의적 분파가 "서로 적대적인 반동 정당의 강화"를 이끌 것이라는 진단을 통해 자유주의 운동의 분열을 멈추도록 할 수 있었다.[244] 두 번째로는 반동의 위험을 핑계로 비스마르크 정책에 대한 자신들의 생각을 정당화시킬 수 있었다. 트베스텐Twesten 같은 자유주의자들은 1866년 전쟁에 대한 반대를 선포하면서 다음과 같이 논리를 전개했다. "표면적 승리는 사실상 모두 동일할 것이다. 우리가 참여하지 않건 혹은 그저 우리가 간단히 굴복함으로써 승리하건 간에, 독일의 변혁을 위한 성과는 아마도 별로 크지 않을 것이며, 내부로부터의 반동의 지배는 분명히 길고 억압적이 될 것

---

* [옮긴이] 1863년 프로이센과 덴마크 사이에 시작된 갈등은 1864년 전쟁으로 치달았고, 1866년 벌어진 프로이센과 오스트리아 간의 전쟁은 쾨니히그라츠 전투를 통해 프로이센이 승리한다.

이다."[245] 이에 반해 바움가르텐Baumgarten은 전쟁에 반대하는 사고를 갖는 자유주의자들이 《크로이츠신문》을 포함해 오스트리아의 반동 세력들과, 비록 원치는 않았더라도, 실제로 맺었던 협력을 예로 들면서, 다음과 같은 질문을 제기했다. "만일 몇 주 안에 비스마르크가 실각하고 만토이펠이 그 뒤를 이으면서 베니스에 대한 보장과 독일에서의 공동의 복고를 오스트리아와 논의하게 된다면, 당신은 이를 어떻게 생각할 것인가?"[246] 1866년 오스트리아와의 전쟁에서 승리한 이후 그는 오직 자유주의자들이 새로운 정치를 만드는 일에 무능하거나 원치 않는 경우에만 "완전한 반동"이 득세할 것으로 판단했다.[247] 그와 유사하게 하임Haym은 전쟁이 발발하기 직전, 비스마르크의 정책은 지원할 만한 가치가 있지만 동시에 헌법을 변경하는 시도도 진행되어야만 한다면서, "달리 행동함은 단지 반동의 진영에 스스로 굴복해 들어감을 의미한다"[248]고 주장했다.

8. 제국 설립기 반동 개념의 쇠퇴

제국의 설립과 특히 그 과정에서의 여러 이합집산은 전통적으로 충돌해 오던 여러 전선이 서로 섞이는 데 큰 기여를 했다. 바로 위에서 언급했던 것처럼 반동 개념에 대한 분명하고 대대적인 사용은 점차 어려워졌으며, 이에 따라 개념의 쇠퇴가 진행될 수밖에 없었다. 자유주의뿐 아니라 전통적 반혁명주의도 새롭고 급격한 발전의 결과로 이득과 손실을 모두 기록했는데, 이로부터 생겨난 정치적 모호성은 언어적 용법에 있어, 자유주의의 실용적인 타협의 준비에도 불구하고, 과거부터 존재하던 양측 목표 설정 간의 분명했던 구분선을 흐려지게 했다. 왜냐하면 자유주의자들은 그들이 목표를 달성하고 승리하는 순간 자신들의 깃발을 과거의 적에게 넘겨주어야만 했기 때문이다. 트라이츠케Treitschke가 다음과 같이 서술했듯이, "자유주의는 승리자인 동시에 패배자로 남겨졌다." "프랑크푸르트 황제당의 사상이 실현되었기 때문에 승리자이며, 제국의 창설이 자유주의적 관점과는 명백히 모순되는 사람들과 방식으로 달성되었기 때문에 패배자이다."[249] 즉 자유주의는 자신들 스스로 싸움에 뛰어들 필요도 없이 승리했기에 패배한 것이다. 국내의 반혁명은 국가적 사건에서 오는 압력이 아니라, 유럽적 사건들의 압력에 의해 제압당했던 것이다. 베커Becker는 이미 당시에 다음과 같이 주장한다. "이탈리아와의 전쟁*은 마치 역사적 이정표처럼 하강 국면을 재상승 국면의 운동으로 바꾸는 전환점의 신호를 알렸다. 독일인들은 반동의 쇠퇴를 고맙게 생각하지만, 그것은 자신들 스스로의 힘으로가 아니라 오로지 하나, 즉 유럽적 연관성들 속에서 이루어진 것이었다."[250]

---

* [옮긴이] 1866년 6월 이탈리아는 오스트리아에 대해 독립전쟁을 선포하고 전쟁에 돌입한다. 이 전쟁에서 프로이센은 이탈리아의 편에서 오스트리아를 상대로 싸우며, 같은 해 10월 평화협상이 체결된다.

전통적 반혁명 정당 또한 모순된 상황에 놓이게 되었다. 민족 통일이 그들의 사회적 기반을 파괴하지 않았는데, 그것은 그들이 새로운 1848년 혁명을 이루어서가 아니라, 그 반대로 그들 자신의 내부에서 나온 힘 때문이었다. 이는 사실상 그들 위상의 장기적 강화로 평가될 수 있었는데(부분적으로는 실제로도 그러했다), 그것은 그들이 두려워했던 결말 없이, 걱정했던 목표의 실현을 이뤄냈기 때문이었다. 그럼에도 반혁명세력이 이제 막 기대치 않았던 자신들의 성과에 따라 자유주의의 투쟁력에 영향을 미치기 시작하는 시점에서, 이들 반혁명세력에 의한 자유주의적 목표의 실현은, 반혁명세력으로 하여금 위상 강화에도 불구하고 스스로를 정체성의 위기에 빠지도록 만들었다. 게를라흐는 이 위기를 감지하고 문장으로 표현할 수 있는 가장 적절한 사람이었다. "공개적으로 드러난 1866년의 끔찍한 행위를 판단함에 있어, 심각한 비도덕성, 아주 좋게 평가한다 하더라도 불명확함과 혼동들이 있었으며, 그래서 무엇이 국가이고, 국민이며, 황제이고, 민족성인지 알지 못한다."[251] 같은 사건을 로하우는 자유주의적 시각에서 다음과 같이 표현했다. "1866년의 사건을 통해 프로이센은 혁명적으로 변했다—비록 단어의 일상적 의미에서는 아니라 하더라도." 왜냐하면 정통주의 원칙을 뭉개버렸기 때문이라는 것이다. "이로서 구 프로이센의 보수주의는 일단 (자신들의) 전통적으로 유지해 왔던 구호들 중 가장 중요한 부분들을 상실했으며", 그래서 그들이 정치적으로 계속 살아남기 위해서는 새로운 것을 찾거나 "민족자유주의적 프로그램에서 일련의 문장 전체를 자신들의 것으로 받아들여야"만 했다.[252] 이런 것들이 일어났는지 혹은 어느 정도 진행되었는지와는 별개로, 사건들의 새로운 전환이 전통적 반혁명을 일단은 마비시켜야만 했다. 일어난 사건들이 보여준 "심각한 비도덕성"에 반대해 그들이 들고일어날 수도 없었는데(그래서 그들은 또한 제대로 된, 즉 군사적 대응 행위를 행할 수도 없었다), 그것은 그들이 혁명의 반대편에 서 있어서가 아니라 그들 자신들의 자손들에 의해 정통성 원칙과 신분제적 특권주의가 파괴되었기 때문이었다. 이런 끔찍한 역설 앞에서 그들은 당황했지만 '대응하지' 않았다. 비록 (완전히 새로운 의미에서의) 혁명가들은 활동하더라도, 반동은 (옛 의미에서) 혁명성의 부족으로 (옛 의미에서) 반동으로서 활동하지 못했다. 이제 막 전통적 반동이 작동하지 않으면서 하필이면 바로 자신들의 줄에 서 있던 이들이 혁명가들을 위해 길을 인도하기 시작했고, 그래서 이 전통적 반동의 전통적 반대자들은 바로 그런 동일한 근거에서 반동 개념을 과거와 같은 강도와 규모로 사용할 수 없었다. 반동에 대한 비판이 비록 계속해서 제기되기는 했지만, 이제는 과거처럼 광범위한 반대가 아니라, 제한적으로 적대적 전선에 반대해 사용되었으며, 정치지형을 위협하며 떠돌던 거대하고 어두운 유령이라는 옛 사고에 기반하지도 않았다. 반동 개념은 이제 전통적 반동의 한 부분만을 목표로 삼았지만, 이를 향해 진행하는 역사의 기차는 영원히 떠나버린 듯 보였다. 이로써 반동은 두려움을 불러일으키는 괴물에서 특정 지역에 국한되고, 예측 가능한, 즉 제어할 수 있는 정치세력으로 변화했다. 이제 그들은 겉모습에서 드러나듯 작고 더 이상은 그처럼 강력하지도 않은 정당이 되었다.

프란츠는 제국 설립기에 널리 유포된 전통적으로 내려오던 정치적 전선의 뒤섞임에 대한 감정을 다음과 같이 표현했다. 지난 사건들로 인해, "모든 우리의 정당들이 …… 극우에서 극좌까지 형성되었으며, 이들을 통해 "급격한 속도로 행동Action과 그에 대한 대응Reaction의 계획들이 좌절되는 것"을 보았다.[253] 고양된 반동 개념의 원주창자 스스로가 이제 자신의 창조물과 이별한 사실보다 더 새로운 상황을 효과적으로 특징지을 수 있는 것도 없다. 루게는 오스트리아와의 전쟁을 가장 적절한 혁명적 사건으로 판단했다. "이제는 전쟁을 비밀리에 좌절시키기 위해 혁명을 만드는 것은 너무 늦었다. 전쟁이 이제 혁명이다. …… 이미 비스마르크가 그렇게 했기 때문에, 지금 혁명과 동맹을 맺지 않으려는 혁명가들은 속물이며 광대이다."[254] 과거 비스마르크 자신도 "의회에서 그들과 같은 생각을 갖고 연설했었지만, 구 오스트리아 제국을 지향하던 바로 그 융커 정당이 해체되었기 때문에", 전쟁의 결과 또한 결코 적지 않게 혁명적이었다고 할 수 있다. "신의 은총을 동원한다 하더라도 융커 정당은 이제 이 원칙들로는 더 이상 사람들의 동조를 구할 수 없다."[255] 독일–프랑스 전쟁이 끝난 후 루게는 이러한 상황에 대해 다음과 같이 개념사적으로 의미 있는 요약을 남겼다. "이 '새로운 시대'의 새로움이 …… 혁명의 옛 구호뿐만 아니라, 반동의 옛 구호들까지 모두 폐기시켰다."[256]

자유주의자들은 반동에 대한 옛 비난들로부터 거리를 두었을 뿐만 아니라,[257] 나아가—동시에 새롭고 기대치 않았던 선물에 대한 감사 행위로—1848년 혁명을 자신들의 역사적 기억으로부터 추방시키고자 시도했다.[258] 그들뿐 아니라 사회민주주의 진영에서 사용하던 반동 개념도 새로운 정치적 전환의 충격으로 인해 과거의 권위와 표현의 정확도는 상당히 달라질 수밖에 없었다. 이는 비스마르크에게 호의를 갖고 공개적으로 접근하던 분파들에서 확인될 뿐 아니라—그보다 더 분명하게는—비스마르크에 대항해 자신의 반감을 전혀 숨기지 않고 드러냈던 분파들에서도 나타났다. 엥겔스가 1865년 군 개혁에 대한 자유주의적 입장을 향해, 1848년의 전략—즉 반동에 대항하는 프롤레타리아와 시민계층 간의 동맹[259]—을 단지 새롭게 제안한 것이라고 날카롭게 비난했을 때, 이미 그것은 주어와 서술어가 서로 호응하지 않는 문장 Anakoluth처럼 들렸다. 이 동맹이 구체적으로 어디에 위치해야 할지가 불분명하게 남겨져 있었으며, 군대 문제에서(엥겔스 자신에 따르면 근본적으로 단지 민족 문제의 한 측면일 뿐이었다) 반동은, 적어도 객관적으로는, 시민계층보다는 '더 진보적인' 자세를 취했다. 그래서 엥겔스는 오스트리아와의 전쟁 시기 프롤레타리아와 시민계층 간의 동맹 개념뿐 아니라 이 동맹과 연결된 반동 개념도 조용히 포기해야만 했다. "세계사는 점점 더 모순적이 되어간다. 왜냐하면 이 비스마르크가 …… 내부적으로는 여러 달 동안을 명백히 봉건적이고 절대주의적으로 지배할 수 있었지만, 외부를 향해서는 부르주아적 정책을 맹렬히 추구해, 부르주아에게 지배를 준비시키고, 오직 자유주의적이며 스스로 혁명적인 방식을 통해서만 끌고 나갈 수 있는 길을 개척해 나갔으며, 그럼으로써 자신을 따르던 시골귀족들은 매일 자신의 원칙들을 팽개쳐 버려야만 했기 때문이다."[260] 1870년 전쟁과 독일의 통일은 "세계사의 새로운 전기"를 끌어냈다. 독일이 "자신의 통일을 우선 프로이센 병영 안에서 찾았다는 것은 받아 마땅한 벌이었다. 그러나 한 가지 직접적으로 얻어낸 수확이 있었다."[261] 독일 노동자계급이 전쟁을 "열정적으로 지원했다"[262]는 것이 그것이다. 마르크스는 1874년, 이번에는 국내 정치적 발전에 대해 관심을 갖고 다음과 같이 기록한다. "독일에서는 비스마르크가 우리를 위해 일하고 있다."[263] 이는 공감을 드러낸 것도 인정을 한 것도 아닌, 단지 마르크스적 역사철학의 시각에서 비스마르크식 정치의 특정한 기본 측면이 갖는 "객관적 진보성"을 확인한 것일 뿐이었다—마르크스의 헤겔주의적 전제에 따른 객관적 기능은 선한 주관적 의도보다 측정하기가 더 어려웠다. 그러나 이를 넘어 진짜 중요한 문제는 바로 이 객관적 진보성의 담지자들이 하필이면 반동의 본거지에 그 연원을 갖고 있다는 것이다. 그 결과 옛 반동 개념뿐만 아니라, 이 개념이 특정한 사회적 역할을 부여받았던 특정 사회 집단과 맺어온 의무적 연결 관계까지 그 모두를 조용히 포기하도록 만들었다.

전망

CHAPTER III

Ausblick

III. 전망

●●● 　　　제국 설립기 반동 개념의 쇠퇴가 개념으로서의
수명을 다해가는 시작을 의미하는 것은 아니었고, 그보다는 이 개
념이 형성되고 영향을 미쳤던 시대의 종료를 의미하는 것이었다.
이 시대를 반동 개념은 끝까지 버텨냈고, 자신의 정치적 영향력을
오늘날까지 유지할 수 있었다. 그 이유는 진보 이데올로기가 20세
기의 자유주의적 이념세계에서뿐만 아니라 사회주의적 이념세계
에서도 상당한 영향력을 갖고 살아남았던 과정 속에서, 반동 개념
이 진보 이데올로기를 비난으로 받아들일 수 있었기 때문이다(II부
2장 참조). 반동 개념이 독일 내에서 갖는 구체적인 사회적 연관성
과 관련해 특별히 언급할 만한 가치가 있는 하나의 해석이 있다. 그
해석은 빌헬름 제국시대 사회민주주의 좌파에서 생겨났고,[264] 여러
변용을 거치면서 상당히 미래가 있는 개념으로 증명된 바 있는 테
제에 기반하고 있다. 즉 제국 설립기 이후 대부르주아층과 융커층
사이의 이해관계의 균형, 곧 양자 사이의 상호 얽힘Verschränkung이

진행되었으며, 그래서 이들이 힘을 모아 폭력적·팽창주의적 목표를 추구할 수 있었다는 것이다. 제국주의 정책에서 융커층이 군사적 선봉에 섰으며, 대기업가들이 경제적 지원 기반을 형성함으로써, 통일적 세계시장을 형성한 모든 진보적 국가의 지배계급도 결국은 이런 방향으로 기울어지게 되었다는 것이며, 그럼에도 독일 제국주의는 경제적으로 근대화된 봉건귀족으로부터 물려받은 프로이센적·군국주의적 내부 전통의 지속적 유지로 인해 특별한 공격성을 드러낼 수밖에 없었다는 것이다. 특별히 독일적 의미에서의 '반동'은 여기에서 제국주의가 세계사적 시대에 뻗어나갔던, 대자본주의적 이해관계와 프로이센적·군국주의적·권위주의적 전통들로 구성된 총괄적 복합체Komplex로 드러났다. 바로 그런 전통들이 대단히 강력하게 작동할 수 있도록, 이들 대변인들은 새롭게 이해된 반동 개념 비판을 옛 개념과 연결시킬 수 있었다. 이제 귀족들에 대해 언급할 때는 더 이상 신분제적·반자본주의적 존재가 아니라, 반대로 대기업가와의 밀접한 연관성이 강조되기는 했지만, 반동의 옛 개념은—궁극적으로 군부의 근간으로서—여전히 구 귀족과 연결되어 있었다. 예를 들어 로자 룩셈부르크는 위에서 언급한 복합체를 "통합된 반동세력"이라는 의미로 공격했다. 여기서 복합체란 "자본주의 사회의 어두운 세력과 봉건적 융커층, 군국주의"[265] 등을 의미하는 것이었다. 그녀는 1911년 시민계층과 융커층 사이의 위장된 이익공동체를 강조하기 위해, 그리고 그들의 자유주의자들과의 연정에 대한 거부를 지지하기 위해, "근원적

이면서 반동적인 움직임이 오늘날 전체 시민계층을 가로질러 진행되고 있다"라고 쓴다.[266] 카우츠키도 당시, "'반동적 대중 reaktionäre Masse'이라는 단어가 진실이 되어버린 시대에" 연정정책은 사회민주당에게는 '자살'과도 같다고 생각했다.[267]

새로운 반동 개념은 이들 사회민주당 안의 좁은 반경 바깥에서는 관철될 수 없었다. 1906년 라덴도르프Ladendorf는 '반동'이라는 단어가 "여전히 오늘날 …… 자신의 부정적 의미를 잃지 않고 있다"[268]고 적는다. 이는 제국 설립기 즈음 시작된 반동의 쇠퇴가 큰 틀에서 지속되고 있음을 암시하고 있다. 그럼에도 무엇보다 사회학적으로 고안된 새로운 반동 개념은 수십 년 후, 즉 나치즘 현상에 대한 사회학적 설명을 둘러싸고, 놀랄 만한 확산을 경험하게 된다. 마르크스-레닌주의적 분석은 나치즘을 제국주의적 팽창을 목표로 대자본가들이 군국주의의 전통적 담지자들과 맺은 동맹의 정치적 표현으로 이해했을 뿐만 아니라, 서구의 자유주의적 집단들도 또한—그들에게서 '프로이센 군국주의'와 '봉건세습적 자본주의'는 '참된 자유주의'와는 정반대를 구성하고 있다—마르크스주의자들과 유사한 사고로 기울었다.[269] 그래서 비록 반동 내지 파시즘에 대한 연합군의 그 어떤 통일적 이론에 대해서는 얘기할 수 없지만, 그것이 맹아적 형태로 확산되었으며, 부분적으로는 전후 독일 점령 연합군의 경제적 대책 속에서도 드러났다고 말할 수 있다. 그 이후부터 '반동적'이라는 개념은 무엇보다 '파시스트적'이거나 '파시스트적 행태를 보이는faschistoid' 것을 의미했으며, '자본주의적'이며 '보수적·군국주의적' 집단을 파시즘의 '조력자Steigbügelhalter'로 표현했다. 예를 들면 1946년 4월 독일 사회주의 통일당SED 강령에서 이를 다음과 같이 암시하고 있다. "결코 다시는 반동이 지배하도록 허용해서는 안 된다." 이에 대한 보장으로써 "반동적 군국주의의 전멸"과 "반동적 국가권력 기구의 파괴"를 그들의 경제적 기반에 대한 분쇄와 더불어 요구했다.[270] 파시스트적 혹은 나치 전체주의를 위기 상황으로 인식되는 (후기) 자본주의 구조가 만든 정치적이고 군사적인 변종으로 보는 시각은 직간접적으로 "복고적 경향들"에 대한 경고로서 서독 사회의 기반을 구성했고,[271] 이런 경향들에서 '반동'과 '복고' 개념(1장 참조)이 갖는 오늘날의 일반적인 동의어적 성격Synonymie의 전제가 만들어졌다. 특기할 만한 점은 비난이나 경고의 의미로서 '복고'라는 단어가 서독에서 더 선호되거나 나아가 재평가되고 있다는 것이다.

반동 개념은 계속해서 진보 개념에 종속되어 남게 되며, '참된' 진보의 정의가 그때그때의 구체적 상황과 적대자에 따라 변하기 때문에, 반동 개념 또한 자의적으로 해석될 수 있다. 예를 들면 '민주주의' 개념처럼 이 개념이 모든 정치적 분파에 의해 사용되는 것이 아니라, 무엇보다 좌파에 의해 사용되고 있으며, 비록 자신이 갖고 있던 내용적 명확성의 상당 부분을 상실했고 그래서 정치적·세계관적 귀속성을 갖는 명확한 언어적 표지로 작용하지는 못한다 하더라도, 적어도 개념의 상징적·의례적symbolisch-rituell

명확성은 지키고 있으며, 그런 한에서 반동 개념이 그저 빈 껍질로만 남겨진 것은 아니다.

파나요티스 콘딜리스Panajotis Kondylis

파나요티스 콘딜리스 Panajotis Kondylis(1943~1998)

파나요티스 콘딜리스는 그리스 출신의 철학자로, 아테네에서 고전어와 철학을 공부한 후 1971년 독일로 건너가 프랑크푸르트와 하이델베르크에서 철학과 근대사, 정치학을 공부했으며 하이델베르크에서 독일 관념론의 탄생을 주제로 박사학위를 받았다. 이후 그는 대학에 몸담지 않고 아테네와 독일을 오고 가는 독립연구자로서의 삶을 살면서 독일어로 글을 쓰거나 독일어 고전을 그리스어로 옮기는 작업에 몰두했다. 그는 1986년 그의 대표작이기도 한 《보수주의, 역사적 내용과 몰락Konservativismus. Geschichtlicher Gehalt und Untergang》(Klett-Cotta, 1986)을 출간하면서, 프랑스혁명에 대한 반동 현상으로 보수주의를 해석하던 기존의 전통과 달리, 보수주의를 이미 중세부터 있어온 귀족들의 세계관으로 해석했다. 그들 귀족들은 그러한 정통성을 일종의 특권으로 받아들이는 특정한 인식으로부터 끌어왔다는 그의 해석은 학계의 주목을 받았다. 1991년에는 《부르주아적 사고 형식과 삶의 형식의 몰락Der Niedergang der bürgerlichen Denk-und Lebensformen》(Klett-Cotta, 1991)을 통해 19세기 자유주의적 세계관이 포스트모던한 대중민주주의 세계관과 충돌하는 양상을 서술했다. 그 밖에도 그는 《마르크스와 고대 그리스Marx und die griechische Antike》(1987), 《20세기의 정치적인 것들. 유토피아에서 글로벌리제이션까지Das Politische im 20. Jahrhundert. Von den Utopien zur Globalisierung》(2001), 《마키아벨리Machiavelli》(2007) 등 여러 저서를 남겼다.

주석과 참고문헌에 사용된 독어 약어 설명

abgedr.(abgedruckt) = 인쇄된, 활자화된

Anm.(Anmerkung) = 주註

Art.(Artikel) = (사전 따위의) 항목, (법률의) 조條

Aufl.(Auflage) = (책의) 판(초판, 재판 등의)

Ausg.(Ausgabe) = (책의) 판(함부르크판, 프랑크푸르트판 등의)

Bd.(Band) = (책의) 권

Bde.(Bäde) = (책의) 권들

ders.(derselbe) = 같은 사람[저자](남자)

dies.(dieselbe) = 같은 사람[저자](여자)

Diss.(Dissertation) = 박사학위 논문

ebd.(ebenda) = 같은 곳, 같은 책

f.(folgende) = (표시된 쪽수의) 바로 다음 쪽

ff.(folgenden) = (표시된 쪽수의) 바로 다음 쪽들

hg. v. …(herausgegeben von …) = …에 의해 편찬된(간행자, 편자 표시)

Mschr. (Maschinenschrift) = (정식 출판본이 아닌) 타자본

Ndr. (Neudruck) = 신판新版, 재인쇄

o.(oben) = 위에서, 위의

o. J.(ohne Jahresangabe) = 연도 표시 없음

s.(siehe!) = 보라!, 참조!

s.v.(sub voce) = …라는 표제하에

u.(unten) = 아래에서, 아래의

v.(von) = ……의, ……에 의하여

vgl.(vergleiche!) = 비교하라!, 참조!

z. B.(zum Beispiel) = 예컨대, 예를 들자면

zit.(zitiert) = (……에 따라) 재인용되었음

01 Petrus Pomponatius Mantuanus, Tractatus acutissimi, utilissimi et mere peripatetici: De intentione et remissione formarum ac de parvitate et magnitudine. De reactione etc. (Venedig 1525), 이 문제에 대한 보다 앞선 문헌들에 대한 소개로는 이와 연결하여 다음을 참고하라. Jacobus Zabarellus Patavinus, De rebus naturalibus libri XXX (1589; Frankfurt 1654), 425Dff.: liber de reactione; 'reactio'의 정의에 대해서는 앞의 책 426E. 435D. 'reagere'라는 단어는 3세기 학습 라틴어로부터 기원하며, 'reagir'는 14세기 연금술 용어로서 등장했다. FEW 3. Aufl., Bd. 10 (1962), 132, 'reagere' 항목 참조. 15세기 '자연적 요소들 간의 상호 영향력'의 의미에 대해서는, Jean Starobinski, La vie et les aventures du mot 'reaction', Modern Language Rev. 70 (1975), XXII, Anm. 6; 17, 18세기 프랑스 사전에서의 'reaction'의 점진적 수용에 대해서는 앞의 책 Anm. 4를 참고하라.

02 Gerhardus Joh. Vossius, de vitiis sermonis et glossematis latino-barbaris 4,20 (Amsterdam 1645), 733 f.

03 Rudolphus Goclenius, Lexicon philosophicum quo tanquam clave philosophiae fores aperiuntur (Frankfurt 1613; Hildesheim 1964 재발간), 960, 'reactio' 항목 참조. Stephanus Chauvin, Lexicon philosophicum, 2. ed. (Leeuwarden 1713; Düsseldorf 1967 재발간), 557, 'reactio' 항목 참조.

04 Kenelm Digby, Two Treatises in the one of which the Nature of Bodies, in the other the Nature of Man's Soule is Looked into ⋯⋯ 16,4 f. (Paris 1644; Stuttgart-Bad Cannstatt 1970 재인쇄), 139ff.: Of reaction. Hobbes, Elementarum philosophiae sectio prima de corpore (1655), 3, § 19. Opera, t. 1 (1836; 1961 재인쇄), 284. Ralph Cudworth, The True Intellectual System of the Universe (London

1678; Stuttgart-Bad Cannstatt 1964), 731.

05 Isaac Newton, Philosophiae naturalis principia mathematica (1687), Alexandre
Koyre, I. Bernard Cohen (ed.), vol. 1 (Cambridge 1972), 55. Die Encyclopedie, 3
ed., t. 28 (1779), 419f.에서는 뉴턴의 반작용관의 장점들을 아리스토텔레스학
과 대조하면서 강조한다. Johnson, vol. 2 (1755; 1967 재인쇄), 'Reaktion' 항목
참조. 뉴턴의 "Opticks"에서의 한 부분을 통해 Reakton 개념을 설명했다.

06 Georges Gusdorf, Les sciences humaines et la pensee occidentale, t. 4: Les
principes de la pensee au siècle des lumieres (Paris 1971), 180 ff.

07 Denis Diderot, Principes philosophiques sur la matiere et le mouvement (1770),
Oeuvres compl., Jean Assezat (ed.), t. 2 (Paris 1975), 68.

08 Ders, Le reve de l'Alembert (1769), ebd. 139.

09 Montesquieu, Considerations sur les causes de la grandeur des Romains et de leur
decadence (1734), Oeuvres compl., t. 2 (1951), 119. Machiavelli, Discorsi 3, 4. 6.
Opere, Sergio Bertelli (ed.), t. 1 (Milano 1960), 387f. 390ff.

10 Rousseau, Extrait du projet de paix perpetuelle de Monsieur l'Abbe de Saint
Pierre (1761), Oeuvres compl. T. 3 (1964), 572.

11 Brunot t. 9/2 (1967), 843, Anm. 8 인용.

12 FEW 3. Aufl., Bd. 10, 132 인용. 'reagere' 항목 참조.

13 "반동의 군주적 성격Le caractère royal de la reaction" 혹은 "귀족으로 불리던 사
람들의 반동la reaction de ceux qu'on appelait aristocrats"과 같은 문장을 참조하
시오. Frey (1925), 103f. 인용. Brunot t. 9/2, 844, Anm. 1.

14 이미 1790년 초 '반혁명'이라는 단어는 사람들 사이에서 일반적으로 통용되
었던 것으로 보인다. Philippe Joseph Benjamin Buchez/Prosper Charles Roux,
Histoire parlementaire de la Revolution Francaise, ou Journal des Assemblees
Nationales, depuis 1789 jusqu'en 1815, t. 5 (Paris 1834), 143. 145. '반혁명'이라
는 용어의 초기의 확산 결과, '(반)혁명분자'(contre)-révolutionnaire라는 용어의

유비로서 'reactionnaire'라는 단어가 만들어진다. 그 이전에는 'reagisseur'와 특히 'reacteur'가 사용되었다. Brunot t. 9/2, 837, Anm. 1.

[15] 1796년경 'reacteur'(반동주의자)와 'royal'(왕정의), 'royalisme'(왕정주의) 간에는 점점 더 연관성을 갖게 된다. Brunot t. 9/2, 844, Anm. 2; vgl. Feldmann (1911/12), 276, 'Reaktion' 항목 참조.

[16] 본서 II부 2장 참조.

[17] Benjamin Constant, Des reactions politiques (1797), Ecrits et discours politiques, O. Pozzo di Borgo (ed.), t. 1 (1964), 21ff. 특히 28. 당대의 다른 사람들에게도 마찬가지로 'reaction반동'은 'malveillance적의' 혹은 'intolerance불관용'만큼 큰 의미를 가졌다. Brunot t. 9/2, 844, Anm. 1 참조.

[18] Albert Mathiez, La reaction thermidorienne (Paris 1929) 참조.

[19] Dict. Ac. Franc., 5 ed. t. 2 (1798), 426에서의 정의 또한 정당 중립적이다. 'reaction' 항목 참조. 비유적인 의미에서 보복을 하면서 때로는 작용을 가하기도 하는 억압받는 정당을 일컫는다.

[20] B. Constant, Notiz 1814. 5. 5., 1815. 8. 14, 1816. 1. 16, Alfred Roulin (ed.), Oeuvres (Paris 1957), 731. 791. 807. 근대적인 정치적 의미에서의 반동 개념이 영어로는 1816년이 되어서야 처음으로 French use of the word에 등장한다. OED vol. 8 (1933), 192, 'Reaction' 항목 참조.

[21] 이미 나폴레옹은 'reacteurs반동주의자들', 'contre-revolution반혁명', 'vieux feodalistes낡은 봉건주의자들'을 같이 사용했다. Notiz v. 9. (1816. 4. 10), Memorial de Sainte-Helene par le Comte del Las Cases (ed.), Gerard Walter, t. 1 (Paris 1956), 470.

[22] Charlton Lewis/ Charles Short, A Latin Dictionary (Oxford 1969), 1582, 'restauro' 항목 참조.

[23] Corpus inscriptionum latinarum, Gustav Wilmanns (ed.), t. 8/1 (Berlin 1881), 114, Nr. 896.

[24] '과거의 법적 상태로 되돌림', 'restitutio in integrum'에서와 같은 법률적 용법에 대해서는 RE 2. R., Bd. 1A/1 (1914), 676ff. 참조.

[25] Percy Ernst Schramm, Kaiser, Rom und Renovatio. Studien und Texte zur Geschichte des römischen Erneuerungsgedankens vom Ende des Karolingischen Reiches bis zum Investiturstreit, Bd. 1 (Berlin 1929); Geoffrey Barraclough, Die mittelalterlichen Grundlagen des modernen Deutschland, 2. Aufl. (Oxford 1947), 독일어판은 Friedrich Baethgen (Weimar 1953), 55ff. 또한 재세례파도 사도행전 3장 21절에 의거해 교회의 '개혁restitutio'을 요구했다. Robert Friedmann, 'Restitution' 항목, The Mennonite Encyclopedia. A Comprehensive Reference Work on the Anabaptist–Mennonite Movement, (ed.), Harold S. Bender, C. Henry Smith, vol. 4 (Scottdale/Pa. 1959), 302 ff.; ἀποκατάστασις(원래 상태로의 복구, 재건) 개념을 라틴어 성경에서는 'restitutio'로 표기했다. Kittel, Bd. 1 (1966) 386ff. 'ἀποκαθίστημι복구하다'와 'ἀποκατάστασις(원상태로의 복구, 재건)' 항목 참조. 이에 반해 19세기 천년왕국파는 'restitutio' 대신 'Restorationism'이라는 용어를 사용했다. OED vol. 8, 552f., 'Restoration', 'Restorationism', 'Restorationst' 항목 참조.

[26] Du Cange t. 7 (1886), 154, 'restaura', 'restauramentum', 'restaurare' 항목 참조. 16세기 프랑스어에서 'restauratum' 혹은 'jusculum salubre et delicatum'이 'restaurant'로 되었으며, 18세기에는 이 개념이 더 이상 특정 음식이 아니라 그것들이 제공되는 장소를 의미하게 된다. 1765년 파리에 살던 어떤 제빵업자가 처음으로 근대적 레스토랑을 열었고, 문 위에 "위가 고통스러운 사람은 모두 내게로 오라, 내가 당신을 회복시키겠노라"라고 썼다. Larousse t. 13편 (1875), 1049, 'Restaurant' 항목 참조.

[27] Carolus Carafa, Commentaria de Germania sacra restaurata (Köln 1639).

[28] Journals of the House of Commons (1660. 5. 30.), OED vol. 8, 552, 'Restoration' 항목에서 인용. 영국 공화국에서는 이미 동일한 단어를 1651년 국가인장에서

사용했다. Karl Griewank, Der neuzeitliche Revolutionsbegriff. Entstehung und Entwicklung, 2. Aufl. (Frankfurt 1973), 147 인용. 앙리 4세Heinrich IV가 1596년 11월 4일 루앙Rouen의 상층 귀족들 앞에서 사용했듯이, 프랑스에서는 보다 먼저 'restauration'을 재건 혹은 국가의 복구라는 의미로 사용했다. 나의 바람은 이 나라의 해방자요 복구자라는 두 개의 보다 영광스러운 직함을 얻게 되는 것이다Mon desir me pulse a deux plus glorieux tiltres (sic), qui sont de m'appeller liberateur et restaurateur de cest Estat Recueil des lettres missives de Henri IV, M. Berger de Xivrey (ed.), t. 4 (Paris 1848), 657.

[29] Maurice Ashley, England in the 17th Century, 3rd. ed. (London 1978), 129ff.

[30] Buchez/Roux, Histoire parlementaire (Anm. 14 참조), t. 2 (1834), 242.

[31] Encyclopedie, 3 (ed.), t. 28 (1779), 973, 'Restauration' 항목.

[32] Catel t. 4 (1801), 94, 'Restauration' 항목 참조.

[33] Schlegel, Vorlesungen über Universalgeschichte (1805/06), SW Bd. 14 (1960), 246.

[34] Ebd., 252.

[35] Schlegel, Philosophie der Geschichte (1828), SW Bd. 9 (1971), 409f. 420.

[36] Brockhaus 7. Aufl., Bd. 9 (1830), 215. 'Restauration' 항목.

[37] 빈 회의의 목적은 "무너진 유럽 공화국을 다시 복구하는 것"이었다고 Görres, Teutschland und die Revolution (1819), Ges. Schr., Bd. 13 (1929), 42에서 밝히고 있다. 또한 Moses Hess, Die heilige Geschichte der Menschheit (1837), Philos. und sozialistische Schr. 1837–1850, hg. v. Auguste Cornu und Wolfgang Mönke (Berlin 1961), 34에서 벨알리앙스Belle-Alliance(나폴레옹을 무찌르기 위해 만들어진 연합군 사령부-역자)를 "프랑스 혼자만이 아닌 …… 다른 유럽 국가들에서도 이른바 복구Restauration가"라는 서술로 시작하고 있다. "restauration europeen"에 대해서는 Etienne Cabet, Voyage en Icarie (Paris 1845), 450 참조.

[38] 여섯 가지 기본의미에 대해서는 Ernst Rudolf Huber, Deutsche

Verfassungsgeschichte seit 1789, Bd. 1: Reform und Restauration 1789 bis 1830 (Stuttgart 1957), 531ff. 참조. 서유럽 언어에서의 복구 개념의 특별한 뉘앙스에 대해서는 Robert A. Kann, Die Restauration als Phänomen in der Geschichte, Margareth Kees 역 (Graz, Wien, Köln 1974), 400f.

[39] Schlegel, Philosophie der Geschichte, 405.

[40] Carl Ludwig v. Haller, Restauration der Staats-Wissenschaft oder Theorie des natürlich-geselligen Zustandes der Chimäre der künstlich-bürgerlichen entgegengesetzt, 2. Aufl., Bd. 1 (Winterthur 1820; Ndr. Aalen 1964), 337ff. 또한 Schlegel, Vorlesungen über Universalgeschichte 249에서 자연상태를 비슷한 의미로 자신의 역사철학적 개념의 시작에서 사용했다. 또한 Thomas Carlyle, Past and Present (1843), Works, vol. 10 (London 1897), 24에서 중세로의 회귀를 "자연으로 돌아감"이라고 표현했다. 특히 136ff. 157ff. 참조.

[41] Haaler, Restauration, 2. Aufl., Bd. 1, 84ff.

[42] Ebd., XLV.

[43] Ebd., 277.

[44] Ebd., 275.

[45] Wilhelm Traugott Krug, Dikäopolitik oder neue Restaurazion der Staatswissenschaft mittels des Rechtsgesetzes (Leipzig 1824), 4f.

[46] Ulrich Schrettenseger, Der Einfluss Karl Ludwig v. Haller's auf die preussische konservative Staatstheorie und -praxis (jur. Diss. München 1949).

[47] Haller, Restauration, 2. Aufl., Bd. 2 (1820; Ndr. 1964), 372ff.

[48] Friedrich v. Gentz, Notiz v. 4.- 1813. 10. 7. 일기. Varnhagen의 유고 von Ense, Bd. 1 (Leipzig 1873) 269.

[49] Ders., Über den zweiten Pariser Frieden und gegen Görres (1816), Schr., (hg.) v. Gustav Schlesier, Bd. 2 (Mannheim 1838), 422.

[50] Görres, Die heilige Allianz und die Völker auf dem Congresse von Verona (1822),

Ges. Schr., Bd. 13, 466.

[51] Heinrich Gottlieb Tzschirner, Das Reactionssystem (Leipzig 1824), 187. 183.

[52] Friedrich Murhard, Art. Reaction, Rotteck/Welckeer Bd. 13 (1842), 428. 430f. 그보다 훨씬 이전에 Johann Weitzel은 "die ewigen Gestze der Natur", Hat Deutschland eine Revolution zu fürchten? (Wiesbaden 1819), 89를 참고했다. Brockhaus의 'Reaktion' 항목, Bd. 9, 48f. 참조.

[53] Jean Pierre Frederic Ancillon, Zur Vermittlung der Extreme in den Meinungen, Bd. 1 (Berlin 1828), 209. 앙실론Ancillon은 익숙한 것들에 대한 변화를 불안하게 만들 정도로 과도하게 만드는 책임이 적어도 교육받은 신분에 있음을 분명히 했다. Johann Christopf Frh. v. Aretin, Staatsrecht der konstiturtionellen Monarchie, Bd. 1 (Altenburg 1824), VI, Anm. 아레틴Frh. v. Aretin은 모든 사람들이 계속 살아 움직이고 발전해야만 하는 것은 헌법적 기본 이념의 강력한 확산의 한 증거임에 대한 인정이라고 많은 보수주의자들이 생각한다고 적었다. →Zeit, 코젤렉 사전의 Bd. 6. 참조.

[54] Tzschirner, Reactionssystem, 34ff. 이와 비슷하게 Karl Heinrich Ludwig Pölitz, Die Staatswissenschaften im Lichte unserer Zeit, Bd. 1 (Leipzig 1823), 542f. Ignatz Rudhart, Übersicht der vorzüglichsten Bestimmungen verschiedener Staatsverfassungen über Volksvertretungen (1818), Hermes (1819), H. 4, 121f.에 실린 익명의 서평 참조.

[55] Pölitz, Staatswissenschaften, Bd. 1, 542. 치르너Tzschirner가 설명하는 반동 체제의 정의와 행위에 대한 서술에 대해서는 Reactionssystem, 11. 15ff 참조.

[56] Rez. Rudhart, Staatsverfassungen, 122f.

[57] Joseph De Maistre, Considerations sur la France (1796), Oeuvres (Paris 1841), 41.

[58] Rez. Rudhart, Staatsverfassungen, 123.

[59] Ebd., 124ff.: vgl. Tzschirner, Reactionssystem, 54f. Ders, Briefe eines Deutschen an die Herren Chateaubriand, de la Mennais und Montlosier über Gegenstände

der Religion und Politik, (hg.) v. W. T. Krug (Leipzig 1828, 84ff.)

[60] Tzschirner, Reactionssystem, 90f. 110ff. 118ff.

[61] Ders., Briefe eines Deutschen, 104ff.; 또한 가장 상세하게는 Weitzel, Revolution, passim.

[62] Tzschirner, Reactionssystem, 30ff.; vgl. Die Charakterologie der Legitimisten bei Görres, Die heilige Allianz (Anm. 50 참조), 428f.

[63] Robert v. Mohl, Staatsrecht, Völkerrecht und Politik. Monographien, Bd. 2 (Tübingen 1862; Ndr. Graz 1962), 4. 언어적 용법에 대해서는 Görres, Europa und die Revolution (1821), Ges. Schr., Bd. 13, 157; Krug, Dikäopolitik (s. Anm. 45), 407f. 자유주의와 예속주의 혹은 운동 체제와 안정 체제는 곧 이상주의와 현실주의를 의미한다.

[64] J. Weitzel, Europa in seinem gegewärtigen Zustande (Wiesbaden 1824), 14. 17. 43.

[65] Friedrich List, Über die württembergische Verfassung (1818), Schriften, Bd. 1/1 (1932), 371 und Ders., Enzyklopädie der Staatswissenschaften (1818), ebd., 448. Vgl. 동일한 "꽉 막힌 사고dumpfen Geistes"에 대한 기술로는 Friedrich Christoph Dahlmann, Von poltischen Drangsalen (1820), Kl. Schr. und Reden (Stuttgart 1886), 183 참조.

[66] Schlegel, Geschichte der alten und neuen Literatur (1814), SW Bd. 6 (1961), 413f.; vgl. Adam Müller, Die heutige Wissenschaft der national Ökonomie (1816), Ausg. Abh., (hg.) v. Jacob Baxa, 2. Aufl. (Jena 1931), 47. 1819년 4월 22일 에른스트 모리츠 아른트Ernst Moritz Arndt는 게오르크 안드레아스 라이머Georg Andreas Reimer에게 "우리도 역시 우리의 극단을 갖고 있다"라고 편지했다. Ders., Notgedrungener Bericht aus seinem Leben und aus und mit Urkunden der demagogischen und antidemagogischen Umtriebe, Bd. 2 (Leipzig 1847), 60. 1819~30년 특별히 자주 사용하면서 변용이 심했던 단어에 대해서는 Karl

August Varnhagen v. Ense, Blätter aus der preusischen Geschichte. Aus dem Nachlasse Varnhagen's v. Ense, Bd. 1 (Leipzig 1868), 8. 19. 24. 158. 196. 205. 260; vgl. Ebd., Bd. 3 (1868), 207f.; ebd., Bd. 5 (1869), 298. 303. 308. 에르줄트라Erzultra는 카를 카니츠Karl v. Canitz가 빌헬름 그림Wilhelm Grimm에게 1823년 10월 6일 보낸 편지를 사용했다. Zit. Gernot Dallinger, Karl v. Canitz und Dallwitz, Ein preussischer Minister des Vormärz. Darstellung und Quellen (Köln, Berlin 1969), 111. Vgl. Die Philosophie der Untras, Oppositions-Blatt/ Weimarische Zeitung, Nr. 69, 1819. 7. 16, 661ff. 부록.

[67] W. T. Krug, Geschichtliche Darstellung des Liberalismus alter und neuer Zeit (1823), Ges. Schr., Bd. 4 (Braunschweig 1834), 377.

[68] Weitzel, Revolution, 92f.에서는 'Ultra-Adel'을 그렇게 표현했다. List, Der Kampf um die württembergische Verfassung (1822), Schriften, Bd. 1/1, 467ff.에 서는 'Oligarchie'와 'Aristokratie'를 '순수 시민층reinen Bürgertum'에 대한 반 대 개념으로 표현했다.

[69] 반동과 혁명에 대한 몇 가지 언급들. Oppositions-Blatt/Weimarische Zeitung, Nr. 67, 1820. 3. 18., 531f.

[70] Christian Carl Josdas Frh. v. Bunsen, Denkschrift über die Folgen des Regierungswechsels in Rom (1823). 그의 편지와 그의 부인의 회고록에 대한 독 일판 (hg.) v. Friedrich Nippold, Bd. 1 (Leipzig 1868), 511f.

[71] 두 독일인 간의 편지교환 (hg.) v. Paul Achatius Pfizer, 2. Aufl. (Stuttgart, Tübingen 1832), V; vgl. Ders., Über die Entwicklung des öffentlichen Rechts in Deutschland durch die Verfassung des Bundes (Stuttgart 1835), 294ff. 312. 318. 342. 387.

[72] 셋으로의 분류는 그럼에도 자유주의적 국가학 문헌에서 일반적으로 받아들여 졌다. Carl v. Rotteck, Lehrbuch des Vernunftsrechts und der Staatswissenschaften, 2. Aufl., Bd. 2 (Stuttgart 1840; Ndr. Aalen 1964), 40ff. Vgl. Silvester Jordan,

Versuche über allgemeines Staatsrecht in systematischer Ordnung und mit Bezugnahme auf Politik (Marburg 1828), 9f.; K. H. L. Pölitz, Das constitutionelle Leben nach seinen Formen und Bedingunen (Leipzig 1831), 52f.; → Reform, VIII. 1.

[73] C. v. Rotteck, Rez. K. H. L. Pölitz, Staatswissenschaftliche Vorlesungen für die gebildeten Stände in konstitutionellen Staaten, 2 Bde. (1831/2), Ges. und nachgel. Schr., (hg.) v. Hermann v. Rotteck, Bd. 2 (Pforzheim 1841), 328f.

[74] Ders, Art. Historisches Recht, Rotteck/Welcker Bd. 8 (1839), 12.

[75] Ders., Das Jahr 1828 (1830), Ges. und nachgel. Schr., Bd. 1 (1841), 167; vgl. ebd., 173. 또한 랑케Ranke의 "역사정치 잡지Historisch-politischer Zeitschrift"에도 'Reaktion'을 프랑스와의 관계에서 사용했다. Über die Restauration in Frankreich, Bd. 1 (1832), 45ff.; Die Kammer von 1815, ebd., 522ff.

[76] Rhein. Conv. Lex., Bd. 9 (1828), 451, Art. Restauration.

[77] Tzschirner, Reactionssystem (s. Anm. 51), 12 und Anm.; vgl. ebd. 49, Anm.

[78] Pölitz, Staatswissenschaften (s. Anm. 54), Bd. 1, 544.

[79] W. T. Krug, Die Staatswissenschaft im Restaurazionsprozesse der Herren v. Haller, Adam Müller und Konsorten betrachtet (1817), Ges. Schr., Bd. 3 (Braunschweig 1834), 324.

[80] R. A. Kann, Was heisst Restauration? Begriff und Wirklichkeit eines geschichtlichen Vorgangs, Wort und Wahrheit 16 (1961), 352f.

[81] Schlegel, Philosophie der Geschichte (s. Anm. 35), 414f.

[82] Franz v. Baader, Revision der Philosophem der Hegel'schen Schule, bezüglich auf das Christentum (1839), SW Bd. 9 (1855), 375: Restauration oder Regeneration der Menschen.

[83] Ders., Bemerkungen über die Schrift: Paroles d'un croyant par de la Mennais (1834), ebd., Bd. 6 (1854), 111, Anm.

[84] Ders., Über das Revolutionieren des positiven Rechtsbestandes als Commentar zur Schrift: einiges über den Missbrauch der gesetzgebenden Gewalt (1831), ebd., 70, Anm. 또한 Friedrich Julius Stahl, Die gegenwärtigen Parteien in Staat und Kirche (Berlin 1863), 286에서는 혁명을 "부정하는 정신"으로 표현한다.

[85] C. Junius [Julius Froebel], Politische Briefe über die Schweiz, 1846. 2. 29, abgedr. Politische Bilder aus der Zeit, (hg.) v. Arnold Ruge, Bd. (Leipzig 1847), 150.

[86] F. C. Dahlmann, Gegen den Fürchtenden (1832), Kl. Schr. und Reden (s. Anm. 65), 228; Mohl, Staatsrecht (s. Anm. 63), Bd. 1 (1860; Ndr. 1962), 46.

[87] Friedrich v. Raumer, Fünfter Brief, 1848. 6. 2., Briefe aus Frankfurt und Paris 1848–49, Bd. 1 (Leipzig 1849), 45.

[88] Carl Ernst Wilh. v. Canitz und Dallwitz, Der deutsche Bund von 1815 und Fürst Metternich (1848), Denkschriften, Aus dem Nachlass (hg.) v. seinen Kindern, Bd. 2 (Berlin 1888), 128. F. J. Stahl, Das monarchische Princip. Eine staatsrechtlich–politische Abhandlung (Heidelberg 1845), 26에서는 "복고의 실패한 작업"의 결정적 원인으로 이것이 "서로 모순되는 제도들을 서로 나란히 놓은 것에 있다고 보았다."

[89] Joseph v. Radowitz, Denkschrift an den König, 1850. 2. 4, in: ders., Nachgelassene Briefe und Aufzeichnungen zur Geschichte der Jahre 1848~53, (hg.) v. Walter Möring (Stuttgart, Berlin 1922), 159.

[90] Ders., Privataufzeichnungen, ca. 1849. 6. 14, ebd., 120.

[91] Ders., Berlin und Erfurt (1848), Ges. Schr., Bd. 2 (Berlin 1852), 101.

[92] Zit. Ernst Ludwig v. Gerlach, Aufzeichnungen aus seinem Leben und Wirken 1795~1877, (hg.) v. Jacob v. Gerlach, Bd. 2 (Schwerin 1903), 29. 47.

[93] Z. B. Karl Rosenkranz, Die Emancipation des Fleisches (1837), in: ders., Neue Studien, Bd. 1 (Leipzig 1875), 3. Vgl. Büchertitel wie Julian Schmidt, Geschichte der Romantik in dem Zeitalter der Revolution und Restauration (Leipzig 1848)

[94] M. Hess, Die politischen Parteien in Deutschland (1842), Philos. und sozialistische Schr. (s. Anm. 37), 190. 근본적으로 Stahl, Gegenwärtige Parteien, 292에서도 동일한 생각을 갖고 있다. 즉 "반동적 정당"이 그 근원에서는 "절대주의의 개혁을 통한 위로부터의 사회의 내적 파열"에 대한 응답으로 생겨났다고 쓰고 있다.

[95] Jules Elysard [Michael Bakunin], Die Reaction in Deutschland, Hallische Jbb., Nr. 247, 1842. 10. 17, 985. Vgl. Chr. C. J. Frh. v. Bunsen, Entwurf einer Denkschrift an den König, 1847. 6. 13, zit. Walther Ulbricht, Bunsen und die Deutsche Einheitsbewegung (Leipzig 1910), 45.

[96] Brockhaus 10. Aufl. Bd. 12 (1854), 592, Art. Reaction.

[97] Karl Nauwerck, Conservatismus und Radicalismus, hallische Jbb., Nr. 197, 1842. 8. 19, 787f.; vgl. ders., Der Adel und die Zeit (1840/41), in: Anekdota zur neuesten deutschen Philosophie und Publicistik von Bruno Bauer, Ludwig Feuerbach, Friedrich Köppen, Karl Nauwerck, Arnold Ruge und einigen ungenannten, (hg.) v. Arnold Ruge, Bd. 1 (Zürich, Winterthur 1843), 285; Robert Heinrich Hiecke, Das Princip der Restauration in der Pädagogik, Rez. Friedrich Joachim Günther, Über den deutschen Unterricht auf Gymnasien (1841), Hallische Jbb., Nr. 1841. 7. 23., 73.에서는 'Reaktionäre'와 'Restaurateurs'를 구분하여, "전자가 급하게 혹은 위험하게 보이는 운동을 지연시키려는 사람이라면, 후자는 혁명을 후퇴시키고자 하는 사람이다"라고 정의내리고 있다.

[98] M. Hess, Über die sozialistische Bewegung in Deutschland (1845), Philos. und sozialistische Schr., 289.

[99] A. Ruge, Die Restauration des Christenums, Hallische Jbb., Nr. 155, 1841. 12. 29, 619. Ruge가 '역사적 사법historischen Privatrechte의 복고'와 '혁명의 인권'을 서로 대비시켜놓은 Selbstkritik des Liberalismus (1842), SW 2. Aufl. Bd. 4 (Mannheim 1847), 83 참조.

[100] Marx, Zur Kritik der Hegelschen Rechtsphilosophie. 서문 (1843/44), MEW Bd.

1 (1956), 379.

101 반동적 시도라는 의미에서의 복고 개념에 대한 후일의 자유로운 용법의 예에 대해서는 Brockhaus, Gegenwart, Bd. 6 (1851), 372f., Art. Mecklenburg in den Jahren 1848-51을 보시오; ebd., Bd. 7 (1852), 86, Art. Der Kirchenstaat seit dem Pontifikat Pius, IX.; ebd., Bd. 9 (1854), 588ff., Art. Preussen seit Ende 1850 bis 1851 Mai. Vgl. [Constantin Frantz], Die Staatskrankheit (Berlin 1852), 121. Hermann Baumgarten, Der deutsche Liberlaismus. Eine Selbstkritik, (1866), Histo. und pol. Aufs. und Reden, (hg.) v. Erich Marcks (Strassburg 1894), 115에서는 "프로이센에서는 (1848년 이후) 복고가 폭력을 통해 유지되었다"고 썼지만, 그는 여기에서 '반동'이나 '반혁명'을 대신 쓸 수도 있었다.

102 Über politische Parteien in Teuschland, Oppositions-Blatt/Weimarische Zeitung, Nr. 285, 1817. 12. 4; ebd., Nr. 286, 1817. 12. 5; ebd., Nr. 287, 1817. 12. 6.

103 Heyse 8. Aufl., Bd. 2 (1836), 334, s. v. 'reagiren'; Pierer 2. Aufl., Bd. 24 (1844), 311, Art. 'Reaction'; Blum Bd., 2(1851; Ndr. 1973), 173ff., Art. 'Reaction'.

104 C. F., Rez. [익명], Zur Verständigung über die preussische Verfassungsfrage (o. J.), Hallische Jbb., Nr. 64, 1841. 3. 16, 256.

105 F. J. Stahl, Wider Bunsen (Berlin 1856), 4. Vgl. Heinrich v. Gagern an Hans Christoph v. Gagern, 1839. 6. 23, in: Deutscher Liberalismus im Vormärz. Heinrich v. Gagern, Briefe und Reden 1815-1848, (hg.) v. Paul Wentzcke und Wolfgang Klötzer (Göttingen, Berlin, Frankfurt 1959), 224; K. Rosenkranz, Über den Begriff der politischen Partei (1843), in: Die Hegelsche Rechte, (hg.) v. Hermann Lübbe (Stuttgart-Bad Cannstatt 1962), 66; Radowitz, Privataufzeichnungen, ca. 1849. 6. 14 (s. Anm. 90), 120.

106 Gustaf Kombst, Der deutsche Bundestag gegen Ende des Jahres 1832. Eine politische Skizze (Strassburg 1836), 94. Über die Reaktion nach den

Bundestagsbeschlüssen s. [Edgar Bauer], Geschcihte der constitutionellen und revolutionären Bewegungen im südlichen Deutschland in den Jahren 1831~34, Bd. 3 (Charlottenburg 1845).

[107] Karl Gutzkow, Divination auf den nächsten württembergischen Landtag (Hanau 1832; Ndr. Frankfurt 1973), 5.

[108] Heinrich Zschokke an C. Rotteck, 1836. 3. 13, in: Rotteck, Ges. und Nachgel. Schr. (s. Anm. 73), Bd. 5 (1843), 202.

[109] A. Ruge, Rez. David Schulz, Das Wesen und Treiben der Berliner evangelischen Kirchenzeitung (1839), Hallische Jbb., Nr. 175, 1839. 7. 23, 1393. 당대의 반동적 이데올로기의 혼합된 상황에 대한 훌륭한 기술을 다음 글이 제공하고 있다. Johann Caspar Bluntschli, Charakter und Geist der politischen Parteien (Nördlingen 1869), 57f.. 여기에서 그는 '로마에서의 법적 반동'과 '베를린에서의 복음주의적 봉건' 사이에 존재하는 '친연성Wahlverwandtschaft'을 분명히 하고 있다. 이는 이미 루게Ruge가 확인한 바 있다. Ruge, Pietismus und die Jesuiten, Hallische Jbb., Nr. 33, 1839. 2. 7, 257ff. und ders., Der Protestantismus und die Romantik, ebd., Nr. 246, 1840. 10. 13, 1966ff.

[110] K. Gutzkow, Die rothe Mütze und die Kapuze. Zum Verständnis des Görres' schen Athanasius (Hamburg 1838), 103.

[111] A. Ruge an Johannes Schulze, 1838. 10. 27, in: ders., Briefwechsel und Tagebuchblätter aus den Jahren 1825~80, (hg.) v. Paul Nerrlich, Bd. 1 (Berlin 1886), 149.

[112] Ders., Rez. Heinrich Leo, Sendschreiben an J. Görres (1838), Hallische Jbb., Nr. 148, 1838. 6.21, 1183.

[113] Ders. An Leopold August Warnkönig, 1838. 6. 21, Briefwechsel, Bd. 1, 145. Vgl. Hess, Sozialistische Bewegung (s. Anm. 98), 290: "반동과 오래된 민족적이고 신앙심 깊은 자유주의와의 관계는 하루하루 더욱 분명해진다."

[114] s. Anm. 112; vgl. A. Ruge, Rez. H. Leo, Sendschreiben, Hallische Jbb., Nr. 151, 1838. 6. 25, 1203f.

[115] Ders., Rez. Ernst Moritz Arndt, Erinnerungen aus dem äusseren Leben (1840), ebd., Nr. 242, 1840. 10. 8, 1929f.; vgl. ders. An Adolf Stahr, 1840. 5. 5, Breifwechsel, Bd. 1, 205: "반동이 한창 꽃을 피우고 있다." 프로이센에서의 "반동의 새로운 창궐"에 대해서는 다음에서 기록하고 있다. Murhard, Art. 'Reaction' (s. Anm. 52), 448.

[116] M. Hess an Berthold Auerbach, 1842. 5. 27, Briefwechsel, (hg.) v. Edmund Silberner (Den Haag 1959), 95; vgl. Anm. 91.

[117] Elysard [Bakunin], Reaction in Deutschland (s. Snm. 95), 985. 989f.

[118] Nauwerck, Conservatismus (s. Anm. 97), 787.

[119] A. Ruge, Der protestantische Absolutismus und seine Entwicklung, Hallische Jbb., Nr. 129, 1841. 11. 29, 514.

[120] Hess an Auerbach, 1840. 3. 15, Briefwechsel, 60.

[121] Ders., Entwurf eines Briefes an Alexander Herzen, ca. März 1850, ebd., 253.

[122] Friedrich Bülau, Die Geschichte des europäischen Staatensystems. Aus dem Gesichtspunkt der Staatswissenschaften, Bd. 3 (Leipzig 1839), 577f. 583. 585. 보수주의자인 빌라우Bülau는 1839년에 'Reaktion'이라는 단어를 전적으로 '반작용Gegenwirkung'이라는 의미에서 사용하고 있다. 하지만 3년 후에는 "반동, 혹은 사람들이 그렇게 부르는"이라고 표현하며, '색인 목록'에 "계획적이며 체계적인 반동"을 집어넣었다. Der., Geschichte Deutschlands von 1806~30. 이와 함께 피스터의 시리즈 Pfister, Geschichte der Teutschen, Bd. 7 (Hamburg 1842), 387, 399 참조. 신분제적 헌법의 옹호자로서 그는 프랑스 헌법의 지지자들을 "비록 유지할 원칙들이 헌법 안에서 유효함에도 불구하고 그들이 반동에 대해 소리치고 있다"라며 비난했다. Der constitutionelle Staat in England, Frankreich und Teutschland, neue Jbb. F. Geschichte und Politik

(1843), H. 1, 45 und ders., Constitution und Constitutionelle, ebd., H. 2, 542f. 1840년경, 쾰른에서 이미 공식적으로 'Reaktion'이라는 단어가 '광신적 교황주의'와의 관련성 속에서 사용되었다, Ernst v. Bodelschwingh an Gustav Adolf Rochus v. Rochow, 1840. 7. 17, abgedr. Rheinische Briefe und Akten zur Geschichte der politischen Bewegung 1820~1850, Bd. 1, (hg.) v. Joseph Hansen (Essen 1919), 187f.

[123] Stahl, Wider Bunsen (s. Anm. 105), 125.

[124] Deutsche Zeitung, 1847. 5. 8, Ankündigungsbl., abgedr. Vormärz und Revolution 1840~49, (hg.) v. Hans Fenske (Darmstadt 1976), 207.

[125] Kaspar Schmidt [Max Stirner], Geschichte der Reaction, Bd. 2 (Berlin 1852; Ndr. Aalen 1967), VIIIf.

[126] Ebd., IX.

[127] Gerlach, Aufzeichnungen (s. Anm. 92), Bd. 1 (1903), 284. 326.

[128] Hermann Wagener, Erlebtes. Meine Memoiren aus der Zeit von 1848 bis 1866 und von 1873 bis jetzt (Berlin 1884), 24; vgl. Wagener Bd. 16 (1864), 714, Art. Reaction.

[129] F. v. Raumer, 58. Brief, 1848. 9. 8, Briefe aus Frankfurt (s. Anm. 87), 328.

[130] F. J. Stahl, Die Revolution und die constitutionelle Monarchie (Berlin 1848), IV.

[131] J. v. Radowitz an Friedrich Wilhelm IV., 1848. 5. 25, Nachgelassene Brife (s. Anm. 89), 48. Vgl. F. J. Stahl, Das Steuerverweigerungsrecht und die parlamentarische Regierung (Rede v. 1848. 10. 16), in: ders., Siebzehn parlamentarische Reden und drei Vorträge (Berlin 1862), 5.

[132] Das Gespenst der Reaction, Neue Preussische Zeitung, Nr. 42, 1848. 8. 18, Beilage.

[133] Angelegenheiten des Vereins für König und Vaterland, ebd., Nr. 53, 1848. 8. 31, 333, Zweite Beilage.

134 Conservative und Radicale, ebd., Nr. 57, 1848. 9.5, 361. Trotz diese indirekten Absage an Haller wurde manchmal auf sein argumentatives Arsenal zurückgegriffen: "우리의 사상은 오래되었다. 1848년 3월 18일보다 오래되었고, 1847년 2월 3일보다 오래되었으며, 1820년과 1815년의 약속보다 오래되었고, 프리드리히 2세의 인구국가나 계몽국가, 즉 중세제국과 교황권의 영광보다 오래되었다. 하지만 바로 그 오래됨 때문에 그들은 또한 새롭다. 가장 최신의 것보다 더 빨리 낡게 되는 것도 없다." Die Reaction, ebd., Nr. 5, 1848. 7. 6, 21.

135 J. v. Radowitz, Rede v. 1848. 6. 23, Sten. Ber. dt. Nationalvers., Bd. 1 (1848), 478; ders., Frankfurt am Main (1848), Geschichte Schr. (s. Anm. 91), 43. "전지전능한 반동, 혁명과 혁명의 경솔한 파괴의 부정에 대한 신의 형벌"을 《Kreuzzeitung》은 보았다. Reaction: Neue Preussische Zeitung, Nr. 107, 1848. 11. 2, 767, Beilage.

136 1848년 9월 초의 신문, ebd., Nr. 60, 1848. 9. 8, 383.

137 Die Errungenschaften und die Reaction, Ev. Kirchen-Zeitung, Nr. 50, 1848. 6. 21, 468. Vgl. Wagener Bd. 16, 713, Art. 'Reaction'.

138 Die Reaction, Neue Preussische Zeitung, Nr. 5, 1848. 7. 6., 21. Ebd., Nr. 83, 1848. 10. 5, 575f., Beilage.

139 Ebd., Nr. 4, 1848. 7. 5, 15. 반동 개념에 대한 비꼬거나 위협적 사용과 생물학적-은유적 사용은 같이 쓰였다. 1848년 10월 초의 신문, ebd., Nre. 83, 1848. 10. 5, 572.

140 Victor Aime Huber, Eine Stimme der wirklichen Reaktion (o. O., Ende 1848), 1.

141 Heinrich Lauber, Das erste deutsche Parlament, Bd. 1 (Leipzig 1849: Ndr. Aalen 1978), 176.

142 K. Rosenkranz, Die Revolution und die Reaktion (1848), in: ders., Politische. Briefe und Aufsätze 1848~56, (hg.) v. Paul Herre (Leipzig 1919), 108.

143 Die Reaktionsheuler, Dt. Zeitung, Nr. 158, 1848. 6. 7., 1258.

144 Robert Giseke, Die Entwicklung der demokratischen Partei in Breslau, Die Grenzboten 7/37 (1848), Bd. 3, 342.

145 Adolf Göden, Rede v. 1849. 1. 4, Sten. Ber. dt. Natrionalvers., Bd. 6 (1849), 4449.

146 그 대신 '극단적extrematische' 혹은 '극우äusserste Rchte'와 같은 표현들이 사용되었다. Heinrich Sybel, Die politischen Parteien der Rheinprovinz. in ihrem Verhältnis zur preussischen Verfassung (Düsseldorf 1847), 4; vgl. Rudolf Haym, Die deutsche nationalversammlung bis zu den Septemberreeignissen. Ein Bericht aus der Partei des rechten Centrum (Frankfurt 1848), 40f.; Hermann v. Beckerath an seine Frau, 1848. 5. 30, abgedr. Rheinische Briefe (s. Anm. 122), Bd. 2/2, (hg.) v. J. Hansen und Heinz Boberach (Köln, Bonn 1976), 193. Hermann Schulze-Delitzsch, Rede v. 1849. 3. 19, Schr. und Reden, Bd. 3 (1910)에서는 '극단적 보수주의자Ultra-Konservatve'라는 표현을 사용했다. 예수회 정당 혹은 오스트리아와 그들의 정치에 관해 말할 때 자유주의자들은 'Reakton'이라는 표현을 훨씬 더 쉽게 했다. Rückblick auf die Schweizer Verhältnisse seit 1830, Dt. Zeitung, Nr. 13, 1847. 7. 13, 104, oder: Die letzte Abstimmung der Nationalversammlung, ebd., Nr. 152, 1848. 6. 1, 1210. 물론 자유주의자들 중에는 우파를 무조건 '반동'이라고 부르는 사람들도 있었다. 예를 들면, B. K. Gutzkow, Deutschland am Vorabend seines Falles oder seiner Grösse (Frankfurt 1848), 148.

147 Haym, Nationalversammlung, 157; vgl. ders, Die deutsche Nationalversammlung von der Kaiserwahl bis zu ihrem Untergange. Ein Schlussbericht (Berlin 1850), 5. 153.

148 Julian Schmidt, Berlin's neue Physiognomie, Die Grenzboten 7/13 (1848), Bd. 1, 612 und ders., Conservative und Radikale, ebd., Bd. 2, 301ff.

[149] Aufruf des Zentral-Komitees der sieben verbundenen Vereine, 1848. 8. 13, abgedr. Flugblätter der Revolution. eine Flugblattsammlung zur Geschichte der Revolution von 1848/49 in Deutschland, (hg.) v. Karl Obermann (Berlin 1970), 168.

[150] Erklärung des Kölner Bürgervereins v. 1848. 8. 1, abgedr. Hansen/Bocerach, Rheinische Briefe, Bd. 2/2, 339.

[151] Gabirel Riesser, Rede v. 1848. 10. 6, Sten. Ber. dt. Nationalvers., Bd. 4 (1848), 2474.

[152] Dt. Zeitung, 1847. 5. 8 (s. Anm. 124), 204f.

[153] Karl Zittel, Rede v. 1849. 2. 10, Verh. der Ständevers. d. Grossherzogthums Baden in den Jahren 1847~49. Protokolle d. II. Kammer, 10. Protokollh. (Karlsruhe 1850), 26. 반동 개념이 얼마나 널리 쓰이거나 표현되었는지에 대한 변화를 잘 드러내는 것은 지텔Zittel이 보수적 적대자를 '반동'이라고 부르지 않았으며, 1년 후에 과거를 요약해 회고할 때에는 그에게 '반동'이라는 표현을 쓴 것에서 잘 드러난다. Johann Baptist Bekk, Die Bewegung in Baden vom Ende des Feb. 1848 bis zur Mitte des Mai 1849 (Mannheim 1850), 280, Anm.

[154] H. Schulze-Delitzsch, Brief an seine Wähler, 1848. 6. 1, Schr. und Reden, Bd. 3, 6.

[155] Ludwig August v. Rochau, Grundsätze der Realpolitik. angewendet auf die staatlichen Zustände Deutschlands (1853; 1869), 2. Aufl., (hg.) v. Hans-Ulrich Wehler (Frankfurt, Berlin, Wien 1972), 143.

[156] Der Bund der Reaction mit dem Communismus, Die Grenzboten 6/46 (1847), Bd. 4, 304f. Vgl. Rochau, Realpolitik, 319.

[157] Die Ermordung Lichnowsky's und Auerwald's, Die Grenzboten 7/39 (1848), Bd. 3, 508.

[158] J. S. [Julian Schmidt], Ein Votum über die Reaction, Die Grenzboten 7/46 (1848),

Bd. 4, 253. 249. 252.

[159] Volksprogramm, Trier 1848. 4. 16, Flugblatt, abgedr. Hansen/Boberach, Rheinische Briefe, Bd. 2/2, 56.

[160] Aufruf der pfälzischen Abgeordneten zur Nationalversammlung, 1849. 5. 2, abgedr. Fenske, Vormärz und Revolution (s. Anm. 124), 416.

[161] Offene Erklärung des republikanischen Vereins zu Dresden, 1848. 7. 2, abgedr. Obermann, Flugblätter der Revolution (s. Anm. 149), 162.

[162] Gustav Struve, Aufruf an das Deutsche Volk, 1848. 9. 21, zit. Bekk, Die Bewegung in Baden, 187.

[163] G. Struve an Georg Herwegh, 1848. 9. 21, abgedr. 1848. Briefe von und an Georg Herwegh, (hg.) v. Marcel Herwegh, 2. Aufl. (München 1898), 245.

[164] Berlin am 14. und 15. Juni 1848. Die neuesten Unruhen und ihre Folgen, abgedr. Obermann, Flugblätter der Revolution, 278.

[165] s. Anm. 113.

[166] Freiheit, Der Geächtete 2 (1835/36; Ndr. 1972), 210f. 215ff.

[167] Die Geldmacht, ebd. 1 (1834), 155. 158. 204f. 209f. "부자와 빈자 간의 관계가 세상에서 유일한 혁명적 요소이다"라고 비슷한 시기에 게오르크 뷔히너Georg Büchner는 카를 구츠코프K. Gutzkow에게 쓴다. Abged. ders./Ludwig Weidig, Der Hessische Landbote. Texte, Briefe, Prozessakten, (hg.) v. Hans Magnus Enzenberger (Frankfurt 1965), 79; vgl. Emil Weller, Die Freiheitsbestrebungen der Deutschen im 18. und 19. Jahrhundert dargestellt in Zeugnissen ihrer Literautur (Leipzig 1847), 209. 239f. 247; s. auch: Das Volk und die Pressfreiehit (Dez. 1844), in: Vom kleinbürgerlichen Demokratismus zum Kommunismus. Zeitschriften aus der Frühzeit de deutschen Arbeiterbewegung (1834–47), (hg.) v. Werner Kowalski (Berlin 1967), 318ff.

[168] Flugbl.: Schwarz, Roth, Gold (1847), 2. Aufl. (Leipzig 1850), abgedr.

Paul Wentzcke, Kritische Bibliographie der Flugschriften zur deutschen Verfassungsfrage 1848~51 (Halle 1911), 265.

169 Wilhelm Weitling, Politische Umschau, Der Urwähler (Oktober 1848; Ndr. 1972), Nr. 3, 24; vgl. Welche Reformen wollen wir?, ebd., Nr. 1, 4 und Erklärung der Grundsätze des Befreiungsbundes, ebd., Nr. 2, 11.

170 Hans Krause, Die Demokratische Partei von 1848 und die soziale Frage (Frankfurt 1923), 14. 104. 115.

171 M. Bakunin an G. Herwegh (1848), in: Herwegh, Briefe, 21f.

172 중앙당Zentrum 좌파의 대변자와 동조자들 또한 이 분리에 찬성했으나, 다만 그들은 정치적 부자유의 척결이 빈곤 문제에 대한 후일의 평화적 해결을 위해 "가장 중요한 발걸음"이라고 생각했다. Politische Schlagwörter, Die Grenzboten 6/33 (1847), Bd. 3, 276ff. Vgl. K. Rosenkranz, Die Bedeutung der gegenwärtigen Revolution und die daraus entspringende Aufgabe der Abgeordneten (1848), in: ders., Politische Briefe (s. Anm. 142), 95ff. und ders., Erwiderung auf den Artikel des Herrn Kendziorra (1848), ebd., 102ff.

173 마르크스와 바이틀링 간의 개인적 논쟁에 관해서는 Protokoll der General-versammlung der Demokratischen Gesellschaft (Köln 1848. 8. 4), abgedr. Hansen/Boberach, Rheinische Briefe (s. Anm. 146), Bd. 2/2, 345ff.

174 Friedrich Anneke an Friedrich Hammacher, 1848. 6. 6, ebd., 213.

175 Die Reaktion, Die Verbrüderung, Nr. 21, 1848. 12. 12 (Ndr. 1975), 79f.; vgl. E. W., Die Notwendigkeit der Reaktion, ebd., Nr. 99, 1848. 9. 11, 397 Stephan Born, Die soziale Frage. Zweiter Artikel: Unsere Stellung zu den politischen Parteien, ebd., Nr. 3, 1848. 10. 10, 9ff.

176 Das Geschrei über pommersche und märkische Reaktion, Das Volk, Nr. 4, 1848. 6. 8. (Ndr. 1973), 13f.

177 Moritz v. Mohl, Rede v. 1848. 8. 1, Sten. Ber. dt. Nationalvers., Bd. 2 (1848),

1296.

[178] Ferdinand Lassalle, Assisen-Rede (1849. 5. 3), Reden und Schriften, (hg.) v. Eduard Bernstein, Bd. 1 (Berlin 1892), 212.

[179] Marx/Engels, Manifest der kommunistischen Partei (1848), MEW Bd. 4 (1959), 465ff. 482f.

[180] Ebd., 492f.; Engels, Die preussische Verfassung (1847), ebd., 35. 1847년 초, 목전에 혁명을 두고 행한 부르주아들의 지도적 역할의 강조했다. 코젤렉 사전 → 'Proletariat, Pöbel' 항목, 55.

[181] Marx, Sieg der Konterrevolution in Wien (1848. 11. 7), MEW Bd. 5 (1959), 455f.

[182] [C. Frantz], Die Constitutionellen (Berlin 1851), 33.

[183] Lorenz v. Stein, Geschichte der sozialen Bewegung in Frankreich von 1789 bis auf unsere Tage, Bd. 1 (1850), Ndr. (hg.) v. Gottfried Salomon (München 1921; Ndr. Darmstadt 1959), 492.

[184] Engels, Einleitung zu: Marx, Die Klassenkämpfe in Frankreich 1848 bis 1850 (1895), MEW Bd. 7 (1960), 514.

[185] Engels, Vorbemerkungen zu: Der deutsche Bauernkrieg (1870 und 1875), MEW Bd. 7, 535. 마르크스는 '반동'을 "귀족과 관료주의, 군 지휘자들의 권력"으로 정의내렸다. Marx/Engels, Die Krisis der Kontrerrevolution (1848. 9. 14), MEW Bd. 5, 402. 라살레Lassalle는 "군사정당과 귀족, 절대주의, 관료주의" 등을 반동세력으로 정의내리면서 군과 귀족, 절대주의와 관료주의를 반동으로 지적한다. Arbeiterlesebuch (1863), Ges. Red. und Schr., Bd. 3 (1919), 284.

[186] Murhard, Art. Reaction (s. Anm. 52), 438.

[187] Ebd., 450.

[188] Gerlach, Aufzeichnungen (s. Anm. 92), Bd. 1 (1903), 9.

[189] Rochau, Realpolitik (s. Anm. 155), 96f.

[190] 예를 들면 C. L. Haller Über die Constitution der spanischen Cortes (o. O. 1820) und F. Gentz an Metternich, 1820. 6. 18, in: Briefe von und an F. v. Gentz (hg.) v. Friedrich Carl Wittichen und Ernst Salzer, Bd. 3/1 (München, Berlin 1913) 12. Gentz는 1830. 4. 4 자신의 일기책에 다음과 같이 쓴다. "내가 오랫동안 그에 대해 쓰지 않았기에 즐거움을 갖고 코투Cottu에 대해 쓴다. '독재의 필요성'." Tagebücher von Friedrich v. Gentz, 1829~31, (hg.) v. August Fournier und Arnold Winkler (Zürich, Leipzig, Wien 1920), 157.

[191] Rochau, Realpolitik, 316; vgl. Stahl, Gegenwärtige Parteien (s. Anm. 84), 8 und Bismarck, Erinnerung und Gedanke (1898), FA Bd. 15 (1932), 39, Anm. 과거에는 프랑스의 극우를 '백색 자코뱅'이라고 불렀다. 프랑스의 당대의 정치적 상황에 대해서는 Oppositions-Blatt/Weimarische Zeitung, Nr. 103, 1818. 5. 2, 817.

[192] H. Leo, Sendschreiben an Görres (Halle 1838), 62. 127.

[193] C. Frantz, Kritik aller Parteien (Berlin 1862), 23.

[194] Ebd., 18. 20f.

[195] H. v. Sybel, Rede v. 1845. 3. 10, 8차 Rhein Provinziallandtag에 대해서는 abgedr. Hansen, Rheinische Briefe (s. Anm. 122), Bd. 1, 817.

[196] Bluntschli, Charakter und Geist (s. Anm. 109), 141. 153.

[197] Stahl, Gegenwärtige Parteien, 319ff.

[198] Gerlach, Aufzeichnungen, Bd. 2, 147.

[199] s. Anm. 134.

[200] 개념상의 근본적 차이에 대해서는 Carl Schmitt, Die Diktatur. Von den Anfängen des modernen Souveränitätsgedankens bis zum proletarischen Klassenkampf, 3. Aufl. (Berlin 1964), 146.

[201] Schlegel, Die Signatur des Zeitlaters (1823), SW Bd. 7 (1966), 551. 524.

[202] F. v. Baader, Über das durch unsere Zeit herbeigeführte Bedürfnis einer

innigeren Vereinigung der Wissenschaft und Religion (1824), SW Bd. 1 (1851), 85, Anm. 93 und ders., Socialphilosophische Aphorismen aus verschiedenen Zeitblättern (1828~40), ebd., Bd. 5 (1854), 293; vgl. Stahl, Gegenwärtige Parteien, 301. 310ff. 324; Gerlach, Aufzeichnungen, Bd. 1, 260 und ebd., Bd. 2, 67. 78. 80; J. v. Radowitz, Rede v. 1847. 6. 7, Ges. Schr. (s. Anm. 91), Bd. 3 (1853, 224 ff.; vgl. ders., Aus den neuen Gesprächen aus der Gegenwart über Staat und Kriche (1851), Ausg. Schr. und Reden, (hg.) v. Friedrich Meinecke (München 1921), 170f.

[203] Wagener, Erlebtes (s. Anm. 128), 61. 58f.

[204] Stahl, Gegenwärige Parteien, 296. 327ff.; vgl. ders., Monarchisches Prinzip (s. Anm. 88), IV f. und ders., Revolution (s. Anm. 129), 15f.

[205] Zit. Gelach, Aufzeichnungen, Bd. 1, 204.

[206] Die Gegner waren sich freilcih über diesen Zusammenhang im klaren, Rochau, Realpolitik (s. Anm. 155), 61.

[207] Wagener Bd. 16, 717ff., Art. 'Reaction'.

[208] Darhlmann, Von politischen Drangsalen (s. Anm. 65), 151; vgl. ebd., 172f. 180.

[209] W. T. Krug, Kreuz— und Queerzüge eines Deutschen auf den Steppen der Staatskunst und d Wissenschaft (Leipzig 1818), 54; '역사적 원칙'에 대한 서술로는 Görres, Teutschland (s. Anm. 37), 61. 66. 82f. 112ff., 후일 서로 다른 여러 측에 의해 진행된 여러 생각들에 대해서는 Murhard, Art. 'Reaction' (s. Anm. 52) , 425; Rochau, Realpolitik, 49; Engels, Einleitung (s. Anm. 184), 524f. 7월 왕정의 특성에 의한 정통성 원칙의 침해에 관해서는 Stein, Soziale Bewegung (s. Anm. 183), Bd. 3 (1921; Ndr. 1959), 53.

[210] Bismarck an L. v. Gerlach, 1857. Mai (Konzept), Erinnerung und Gedanke (s. Anm. 191), 120ff.

[211] Murhard, Art. 'Reaction', 438.

[212] C. Rotteck, Allgemeine Weltgeschichte, Bd. 4 (Stuttgart 1833), 291.

[213] Adolf Sander, Rede v. 1842. 8. 19 in der badischen Zwiten Kammer, abgedr. Fenske, Vormärz, und Revolution (s. Anm. 124), 74.

[214] s. die Broschüre: Deutschland, was es ist und was es werden mus, mit Rücksicht auf Preussen und Bayern (1831), zit. [Bauer], Constitutionelle und revolutionäre Bewegungen (s. Anm. 106), Bd. 1 (1845), 91.

[215] Democrat, Oppositions-Blatt/Weimarische Zeitung, Nr. 1, 1820. 1. 1., 1 ff.

[216] Aretin, Staatsrecht (s. Anm. 53), Bd. 1, VII.

[217] Petition der rheinischen Liberalen, 1848. 3. 11, abgedr. Obermann, Flugblätter der Revolution (s. Anm. 149), 80

[218] Nauwerck, Adel (s. Anm. 97)., 291.

[219] Gutzkow, Divination (s. Anm. 107), 28.

[220] 예를 들어 Theodor Flathe, Das Zeitlater der Restauration und Revolution 1815~51 (Berlin 1883), 670ff. 라고 제목이 붙어 있다. 1849년 이후 시기에 대한 장 제목은 다음과 같다. "반동의 승리".

[221] [E. L. v. Gerlach], Deutschland um Neujahr 1870 (Berlin 1870), 30.

[222] J. v. Radowitz, Privataufzeichnungen v. 1851. 1. 3, Nachgelassene Briefe (s. Anm. 89), 376f.; vgl. ders., Privataufzeichnungen v. 1850. 2. 1. ebd., 153 und ders., Aufzeichnungen über den Fürstenkongress, 1850. 5. 8-16., ebd., 242.

[223] F. J. Stahl, Der Protestantismus als politisches Princip, 2. Aufl. (Berlin 1853), 95 에는 다음과 같이 쓰여 있다. "기독교의 본질은 …… 프로테스탄티즘에 대한 가톨릭 정신의 대응Reaction이다."

[224] Brockhaus, Gegenwart, Bd. 6, 122, Art. 'Das Märzministerium in Württemberg'; ebd., Bd. 7, 496, Art. 'Preussen seit 1849 bis Ende 1850'; ebd. Bd. 9, 584, Art. 'Preussen seit 1850 bis Mai 1851.'

[225] J. Schmid, Die Reaction in der deutschen Poesie, Die Grenzboten 9/1 (1851),

Bd. 1, 17ff.; Brockhaus, Gegenwart, Bd. 6, bes. 293, Art. 'Die deutsche Philosophie nach Hegel's Tod'.

226 Georg Gottfried Gervinus, Geschichte des 19. Jahrhunderts, 2. Aufl., Bd. 1 (Leipzig 1856), 318ff. 게르비누스Gervinus는 비록 '반작용들'의 정당 중립적인 의미에서 '반동들Reactionen'이라고 복수 형식을 썼지만, 강조적 표현의 단수 형태도 그의 글에 나온다. ders., Einleitung in die Geschichte des 19. Jahrhundert (Leipzig 1853), 149. 163.

227 Otto v. Manteuffel an L. v. Gerlach, 1852. 8. 21, in: Unter Friedrich Wilhelm IV. Denkwürdigkeiten des Ministerpräsidenten Otto Frh. v. Manteuffel, (hg.) v. Heinrich Poschinger, Bd. 2 (Berlin 1901), 240.

228 Die kleinen Leiden der Reaction, Die Grenzboten 10 (1851), Bd. 3, 117.

229 Drei preussische Briefe, ebd., Bd. 1, 117.

230 Die constitutionelle Partei in Preussen, ebd., 12 (1853), Bd. 1, 135ff.

231 Die Constitutionellen in der gegenwärtigen Krisis, ebd., 10, (1851), Bd. 3, 28.

232 Schulze-Delitzsch, An die preussischen Handwerker (1861), Schr. und Reden, Bd. 2 (1910), 402.

233 Ders., Rede zur Adressdebatte im prussischen Abgeordnetenhaus (1862. 6. 5), ebd., Bd. 4 (1911), 70.

234 Ders., Erstes Flugblatt des Deutschen nationalvereins (1859 Dez.), ebd., Bd. 3 (1910), 154.

235 Ders., Schreiben an die Wahlmänner des III. Wahlbezirks in Berlin, 1861. 2. 28. ebd., Bd. 2, 15. 13.

236 '혁명'이라는 공통분모 아래 '자유주의'와 '민주주의'에 대한 슈탈의 전제에 대한 강렬한 거부에 대해서는 Was ist die Revolution? Offenes Sendschreiben an Herrn Geheimen Justizrath Stahl, Die Grenzboten 11 (1852), Bd. 2, 121 ff.

237 Schulze-Delitzsch, Deutschlands Arbeiter (1863), Schr. und Reden, Bd. 2, 220;

vgl. ders. an Theodor Müllensiefen, 1866. 5. 17, ebd., Bd. 3, 282.

238 Ders., Wehre dich, Deutschland! (Juli 1859), ebd., Bd. 3, 128f.

239 R. Ham an H. v. Sybel, 1862. 12. 17, abgedr. Deutscher Liberalismus im Zeitalter Bismarcks. Eine politische Briefsammlung, (hg.) v. Julius Heyderhoff, Bd. 1 (Bonn, Leipzig 1925), 120f.

240 Baumgarten, Der deutsche Liberalismus (s. Anm. 101), 130f.

241 C. Frantz, Die Quelle alles Übels. Betrachtungen über die pruessische Verfassungskrise (Stuttgart 1863), IVf. 36f. 123.

242 Friedrich v. Rönne an Robert v. Mohl, 1863. 11. 18, abgedr. heyderhoff, Deutscher Liberalsimus, Bd. 1, 126.

243 Max Duncker/ Ludwig Karl Aegidi an H. v. Sybel, 1859. 6. 6., ebd., 43. Vgl. Lassalle, Der italienische Krieg (1859), Ges. Red. und Schr., Bd. 1 (1919), 49; "오스트리아는 그 자체로서 군건하고 일관된 반동적 원칙이다."

244 A. Walter an Julius Höder, 1863. 7. 31, abgedr. Heyderhoff, Deutscher Liberalismus, Bd. 1, 164; vgl. Adolf Lette an Karl Twesten, 1862. 3. 20, ebd., 84.

245 K. Twesten an Gustav Lipke, Juni 1866, ebd., 313.

246 H. Baumgarten an H. v. Sybel, 1866. 5. 11, ebd. 282; vgl. ders., Der deutsche Liberalismus, 197; ähnlich P. A. Pfizer, Einheitsstreben und Partikularismus (1866. 8. 14), Polit. Aufs. und Br., (hg.) v. Georg Küntzel (Frankfurt 1924), 71.

247 H. Baumgarten an H. v. Treitschke, 1866. 12. 3, abgedr. Heyderhoff, Deutscher Liberalismus, Bd. 1, 353.

248 R. Haym an Wilhelm Schrader, 1866. 5. 14, ebd., 287; vgl. Schulze−Delitzsch an Rudolf v. Bennigsen, Juli 1866, Schr. und Reden Bd. 3, 301f.

249 H. v. Treitschke, Parteien und Fraktionen (1871), Hist. und polit. Aufs., 5. Aufl. Bd. 3 (Leipzig 1866), 604.

[250] Bernhard Becker, Die Reaktion in Deutschland gegen die Revolution von 1848 beleuchtet in sozialer, nationaler und staatlicher Beziehung (Wien 1869), 488. 필자는 여기에서 반동의 문제를 도덕적인 카테고리가 아닌 사회학적 카테고리에서 파악하고자 하는 특별한 시도를 하는데, 여기에서 '계급적 이해'와 '경제적 발전'이 전면에 배치된다. (ebd., 2). 반동이 그것의 사회적·민족적·국가적 (즉 헌법정책적) 형태 속에서 연구되었다. 첫 번째 연구의 탁월한 의미는 민족적·국가적 요소들이 근본적으로는 단지 사회적 상황의 결집체일 뿐이라는 것을 밝힌 데 있다 (ebd., 141).

[251] Gerlach (1867. 4. 29의 기록), Aufzeichnungen (s. Anm. 92), Bd. 2, 297.

[252] Rochau, Realpolitik (s. Anm. 155), 323ff.; Treitschke, Parteien und Fraktionen, 605에서는 자유보수주의자들과 민족자유주의자들 간의 접근을 환영하면서, 구보수주의 정당이 새로운 발전의 결과 그 의미를 잃었음을 강조했다.

[253] C. Frantz, Die Naturlehre des Staates als Grundlage aller Staatswissenschaft (Leipzig, Heidelberg 1879), XI. XVI. 323f.; vgl. ders., Der Untergang der alten Parteien und die Parteien der Zukunft (Berlin 1878).

[254] A. Ruge an Richard Ruge, 1866. 6. 7, Briefwechsel (s. Anm. 111), Bd. 2 (1886), 271.

[255] Ders. an B. Brückmann, 1867. 1. 23., ebd., 291.

[256] Ders. an R. Ruge, 1871. 11. 20, ebd., 371.

[257] Reichensperger 3. Aufl. (1872), 113f. Art. 'Reaktion'에 따르면, 자유주의(여기에는 민주주의도 함께 포함되는데)가 '반동'을 일종의 메두사의 머리로 만들었는데, …… 그럼으로써 자유주의는 자신의 대중들을 두려움과 흥분 속에 놓이게 만들었다"고 되어 있다. 그런 것으로 보아 이는 바로 얼마 전 과거에 대한 회고로 이해할 수 있다.

[258] Hans Otto, Wandlung, Problemstellung und Urteilsbildung der deutschen Geschichtsschreibung über 1848 (phil. Diss. Marburg 1953).

[259] Engels, Die preussische Militärfrage und die deutsche Arbeiterpartei (1865), MEW Bd. 16 (1962), 57 ff.

[260] Ders. an Marx, 1866. 7. 9, ebd., Bd. 31 (1965), 235.

[261] Marx/Engels, Brief an den Ausschuss der Sozialdemokratischen Arbeiterpartei (August 1870), ebd., Bd. 17 (1962), 269.

[262] Marx, Zweite Adresse des Generalrats über den Deutsch−Französischen Krieg an die Mitglieder der Internationalen Arbieterassoziation ⋯⋯ (1870. 9. 9.), ebd., 276.

[263] Ders. an Adolph Sorge, 1874. 8. 4, ebd., Bd. 33 (1966), 635.

[264] 노동계급과 마주하는 "모든 다른 계급들은 그저 반동적 대중일 뿐인가" 혹은 그렇지 않은가라는 문제에 대한 논쟁이 먼저 나왔다. 고타 강령에서는 이를 인정한다. Das Gothaer Programm der Sozialistischen Arbeiterpartei Deutschlands (1875), abgedr. Deutsche Parteiprogramme, hg. v. Wilhelm Mommsen (München 1960), 313. 이는 라살레 테제에 영향을 받아 결정되었다. 왜 부르주아가 1848년 이후 세계사적 관점에서 근본적으로 반동화되었는가에 대해서는 Lassalle, Die Wissenschaft und die Arbeiter (1864), Ges. Red. und Schr., Bd. 2 (1919), 238f.; vgl. ders., Arbeiterlesebuch (s. Anm. 185), 282ff. 이에 대해 마르크스는 Marx, Randglossen zum Programm der deutschen Arbeiterpartei (1875), MEW Bd. 19 (1962), 23에서 자신이 이미 '공산당 선언'에서 구성해놓았던 상황 분석과 전략을 제시한다.

[265] Rosa Luxemburg, Zum Stuttgarter Parteitag (1898), GW Bd. 1/1, (hg.) v. GW Bd. 1/1, (hg.) v. Günter Radczun u.a. (Berlin 1970), 231, 233.

[266] Dies, Eine Revision (1911. 11. 16), ebd., Bd. 2 (1972), 546; vgl. dies., Was nun? (1912), ebd., Bd. 3 (1973), 91ff.

[267] Karl Kautsky, Der Weg zur Macht. Politische Betrachtungen über das Hineinwachsen in die Revolution (1909), 2. Aufl. (o. O. 1910; ndr. Frankfurt

1972), 111.

[268] Ladendorf (1906), 261, s. v. Reaktion.

[269] 부분적으로 이는 제1차 세계대전 시기의 프로파간다에 대한 기억으로부터 나온 것이고, 나머지는 반동에 대한 그런 분석으로부터 나온 것이다. Hermann Rauschning, *Die Revolution des Nihilismus. Kulisse und Wirklichkeit im Dritten Reich* (Zürich, NY 1938), 175ff. 나치시대 문헌들에서는 반동 개념이 간헐적이지만, 항상 경멸적 의미로 나오며, 그 의미는 일반적으로 나치 '혁명'을 거스르는 의미이거나, Ernst Krieck, Nationalpolitische Erziehung, 20. Aufl. (Leipzig 1932), 38, 혹은 확실하게 자유주의적 시민층을 의미했다. Alfred Krüger, Der deutsche Arbeitsdienst als Baustein zum Dritten Reich (Leipzig 1935), 75 und Ernst Reventlow, Nationaler Sozialismus im neuen Deutschland, 20. Aufl. (Berlin, Leipzig 1934), 93. 히틀러는 '반동'이라는 개념을 스페인에서의 가톨릭 정당의 정책과 같이 '실재에 있어서는' 나치 정부에 방해가 되는 기관을 지칭했다. Henry Picker, Hitlers Tischgespräche im Führerhauptquartier 1941~42, (hg.) v. P. E. Schramm (Stuttgart 1963), 447f. 1942 기록. '보수혁명' 관련 문헌에서도 '반동'을—항상 경멸적 의미에서—빌헬름 제국시대와 군주정 혹은 부르주아층과 관련시켜 논의했다. Möller van den Bruck, Das Dritte Reich (1923), 3. Aufl. (hg.) v. Hans Schwarz (Hamburg, Berlin 1931), 228, Hans Freyer, Revolution von rechts (Jena 1931), 7; vgl. Hermann Ullmann, Das werdende Volk. Gegen Liberalismus und Reaktion (Hamburg 1929).

[270] Grundsätze und Ziele der Sozialistischen Einheitspartei Deutschlands (1946), abgedr. Mommsen, Parteiprogramme, 747ff. 오늘날의 마르크스-레닌적 이해에 따르자면, "현재의 반동 주세력은 …… 국가독점자본주의 체제"이다. Philos. Wb., 11 Aufl., Bd. 2 (1975), 1016, Art. 'Reaktion'. 이 정의에 따르면 '반동'은 또한 군국주의적이며 제국주의적인 노선을 강하게 갖고 있다.

[271] Eugen Kogon, Die Aussichten der Restauration, Frankfurter Hefte 7 (1952), H.

3, 1654ff. und ders., Die unvollendete Erneuerung. Deutschland im Kräftefeld 1945~63. Poli. und gesellschaftliche Aufs. aus zwei Jahrzehnten, (hg.) v. Hubert Habicht (Frankfurt 1964); Walter Dirks, Der restaurative Charakter der Epoche, Frankfurter Hefte 5 (1955), in: ders, Auf der Suche nach Wirklichkeit, Ges. Aufs. (Düsseldorf, Köln 1965); Siegfried Landshut, Restauration und Neo-Konservatismus, Hamburger Jbb. f. Wirtschafts- und Gesellschaftspolitik 2 (1957), 45ff.; Harry Pross, Dialektik der Restauration. Ein Essay (Olten, Freiburg 1965); Hermann Glaser, Die Bundesrepublik zwischen Restaration und Rationalismus (Freiburg 1965); Gerhard Kraiker/ Ernst Huster/ Burkhart Scherer u.a., Determinanten der westdeutschen Restauration 1945~49 (Frankfurt 1972)

찾아보기

코젤렉의 개념사 사전 22 — 반동-복고

◉ 2022년 10월 29일 초판 1쇄 발행
◉ 2022년 11월 5일 초판 2쇄 발행
◉ 글쓴이   파나요티스 콘딜리스
◉ 엮은이   라인하르트 코젤렉·오토 브루너·베르너 콘체
◉ 기 획   한림대학교 한림과학원
◉ 옮긴이   이진일
◉ 발행인   박혜숙
◉ 펴낸곳   도서출판 푸른역사
  서울시 종로구 자하문로8길 13 (우 03044)
  전화: 02)720-8921(편집부) 02)720-8920(영업부)
  팩스: 02)720-9887
  전자우편: 2013history@naver.com
  등록: 1997년 2월 14일 제13-483호
ⓒ 한림대학교 한림과학원, 2022

ISBN   979-11-5612-232-6 94900
세트   979-11-5612-230-2 94900